Set/2023

Caro Carpinejar,

A vida com poesia e abraços é sempre mais feliz. Boa leitura! Uma alegria te conhecer pessoalmente.

Daniela Migliari

abraço à sombra

Daniela Migliari

abraço à sombra

Encontros que acolhem e iluminam a infância espiritual

Ilustrações de
Pedro Sangeon

2ª EDIÇÃO

(t.) TAGORE EDITORA

2ª edição - 2019
1ª reimpressão - 2021

FICHA TÉCNICA

Editor:
Victor Tagore

Revisão de texto:
Giulia Batelli

Ilustrações:
Pedro Sangeon

Projeto Gráfico e Diagramação:
Eward S. Bonasser Jr.

DADOS INTERNACIONAIS DE CATALOGAÇÃO NA PUBLICAÇÃO (CIP)

M634a Migliari, Daniela
Abraço à sombra: encontros que acolhem e iluminam a infância espiritual / Daniela Migliari. Ilustração Pedro Sangeon. – 2ª edição – Brasília,DF : Trampolim, 2018.
270 p. : il

ISBN: 978-65-86125-15-3

1. Literatura brasileira. 2.Poesia e prosa. I. Sangeon, Pedro (Ilust.). I. Título.
CDU 82-1(81)

Catalogação na publicação: Iza Antunes Araujo CRB1

Contatos:
Daniela Migliari - daniela@migliari.com
Tagore Editora - contato@tagoreeditora.com.br

Composto e impresso no Brasil. *Printed in Brazil.*

TAGORE EDITORA
SIG Q. 8 LOTE 2345, SALA 100 | CEP: 70.610-480, Brasília, DF.
www.tagoreeditora.com.br

Dedicatória

Àqueles que querem sentir Alegria e Gratidão perante a Vida, com sua realidade exatamente como é.

Que com esta leitura, possam sentir-se mais conscientes da oportunidade sagrada de viver nesta Terra.

Agradecimentos

A Deus pela extraordinária oportunidade de existir!

A todos meus ancestrais e familiares, especialmente à minha mãe, Elce, e ao meu pai, Albano, que me deram à Vida. Graças a eles, tenho a oportunidade de me desenvolver e evoluir. Agradeço, também, aos meus irmãos, Fernando e Fábio, cujo carinho e proteção estão sempre comigo.

A meu esposo, Máximo, e aos nossos filhos, Rafaela, Noah e Theo. Com vocês, aprendo a ser amada e a amar um pouco mais a cada dia.

À Marineli de Ávila, que generosamente me apresentou muitas das chaves que estão neste livro. Compreensões que têm me auxiliado a despertar e acessar a consciência divina em mim.

Por fim, aos queridos amigos que tenho feito ao longo da jornada.

A cada um, meu carinho e reconhecimento.

Sumário

Prefácio de Máximo Migliari

Eu mal poderia imaginar, há mais de 17 anos, que os intensos momentos que minha então noiva passara em frente à tela de computador, geralmente no alvorecer do dia, organizando seus pensamentos por meio de textos, representariam as sementes deste significativo livro: sua primeira obra publicada!

Sinto um orgulho e uma admiração profundos, que não se resumem apenas ao que naturalmente se imagina quando um projeto deste tamanho se conclui. Afinal, escrever qualquer obra requer dedicação, disciplina e foco. Tais sentimentos se dão, principalmente, pela coragem e determinação que minha esposa tem em se autoconhecer ao longo de todos esses anos. É maravilhoso poder dizer que a pulsão que ela tem de olhar suas dores e sofrimentos bem nos olhos culminou neste seu **Abraço à Sombra** – um florescimento lindo de testemunhar.

Os frutos disso tudo? Uma companheira mais paciente, leve e doce. E ainda, uma pessoa mais humana, mais gentil consigo mesma, e que a cada dia se torna mais mestra do seu próprio destino.

A persistência em organizar seus processos interiores, e a troca que tivemos como casal ao frequentemente conversarmos sobre estas questões, me trouxe algo muito valioso: um estímulo adicional às minhas próprias questões, para ter a coragem e empenho de olhar inúmeras sombras, seja de que forma for.

Portanto, não poderia deixar de avisar ao nobre leitor que seu esforço em se autoconhecer trará grandes benefícios não só para si, como também para todos os que trilham a jornada da vida ao seu lado. Eu fui beneficiado por este maravilhoso efeito colateral. Faço votos que este livro te auxilie também!

Persista, tenha paciência e coragem! A Daniela, por meio desta obra, é prova, no meu sincero olhar, que compreender e integrar as suas sombras e dores compensa, e muito!

E como disse o famoso Carl Gustav Jung: “Nenhuma árvore poderá crescer até tocar o céu sem que suas raízes tenham alcançado o inferno”.

Boa leitura!

Máximo Migliari

Prefácio de Rossandro Klinjey

A primeira vez que tive acesso a um texto de Daniela, ele não chegou a mim de forma escrita. Numa bela manhã de 2015, ela gravou um deles em áudio e o enviou por Whatsapp. Era o texto "Carta de Amor ao que sou" e, na mensagem, ela dizia: "Mano, escuta esse áudio. É um texto meu. Depois, me fala sua opinião".

Sinceramente, apesar de já conhecer e admirar seu trabalho como jornalista, não esperava que fosse me causar uma sensação tão incrível! Junto com sua voz cadenciada e suave, veio um desnudar de alma completamente curador.

Daniela pode ter feito aquilo para si mesma. No entanto, serviu para mim de forma tão impactante, que saí distribuindo aquele áudio, freneticamente, com outras pessoas. Ao ouvir, elas reagiam da mesma forma, e começaram a me perguntar: "De quem é?", "Que texto fantástico!", "Que voz melodiosa!", "Que coragem!".

Os comentários vinham de pessoas criteriosas, como meu irmão mais velho, Valécio Irineu, professor de literatura Anglo-Americana na universidade e que, até hoje, me orienta em muitas questões importantes. Depois que meu irmão comentou sobre suas fortes impressões, foi que percebi que tinha distribuído o áudio sem autorização.

Então, enviei a mensagem: "Dani, me desculpa, eu não resisti e já enviei para várias pessoas". Ela respondeu, de forma engraçadíssima: "Carácoles! Diz que você não fez isso! É só um texto, não está pronto, eu só queria saber sua opinião!!!".

Ela não estava com raiva, estava preocupada, típico de uma jornalista muito criteriosa. Ficou com aquele papo de que era um texto incipiente e que estava somente testando. E perguntou: "Afinal, o que você sentiu?". Foi quando digitei o emoji do quadro 'O Grito', de Edvard Munch, seguido de "Caraaaammmmbbbaaaaa, que texto MARAVILHOSO é esse?!!!".

Então, liguei para ela, contando sobre o retorno das pessoas. Percebi que ficou espantada com meu entusiasmo e, inicialmente, achou que eu estava exagerando. Pedi que me enviasse mais textos daquele. Foi quando eu soube que ela já escrevia há muito tempo, e tinha bastante material guardado, sem publicação.

Comecei a fazer campanha para divulgá-los na Internet. Depois, insisti para que ela gravasse todos em áudio e, em seguida, em vídeos. Na verdade, quero revelar a todos que ela resistiu bastante a cada pedido desses. Virei uma espécie de "chato-insistente", incentivando muito para que ela tornasse esses textos públicos (o que finalmente aconteceu em novembro de 2015, quando abriu sua página no Facebook).

O tempo foi passando, e ela foi fazendo um material mais belo que o outro, mais inspirador que o outro e mais curador que o outro. Os vídeos começaram a ter dezenas de milhares de acessos e ela começou a ser convidada para falar sobre eles. Daniela pôde ver nos comentários virtuais e na reação das pessoas ao vivo que minha percepção inicial não havia sido exagerada.

Então, se prepare: você vai ler um livro que não propõe panaceia nem receita nenhuma. Assim mesmo, oferta algo que pode curar sua alma de muitas dores. É uma proposta que nos cura de muito julgamento pessoal destrutivo. Você vai ler um livro que vai te mostrar como amar a si, acolhendo inclusive, e sobretudo, suas sombras, pacificando sua alma de um modo balsâmico.

Vai ver coragem, desnudar de alma, entrega pessoal. Com desejo de curar a si mesma, Daniela acaba nos convidando a percorrer, em nós, um caminho semelhante, embora sempre à nossa maneira única e individual.

Hoje, Daniela e Máximo Migliari, seu esposo, são irmãos queridos, que encontraram em minha alma um lugar familiar. Seus filhos, Rafaela, e os gêmeos Noah e Theo são sobrinhos que amo.

Nós desenvolvemos uma cumplicidade literária: tenho a honra de ler seus textos, assim que ela os produz. E minha esposa Janine e ela, por sua vez, são as primeiras a lerem meus textos e livros, antes de enviá-los para meus editores. Nossas conversas são sempre inspiradoras e enriquecedoras.

Ouso dizer que, não somente ao final deste livro... ao final de cada texto, você também irá sentir-se inspirado, enriquecido e, muitas vezes, curado.

Rossandro Klinjey

Nota da autora

"O mal é o Amor infantil experimentando-se em Si mesmo, até permitir-Se amadurecer em Bem"

A cada dia, meu coração me convida a nutrir Amor no contato com minha sombra, no movimento de olhar pra dentro e abraçar meu tempo evolutivo, tal qual se apresenta, momento a momento. Essa atitude é relativamente recente, resultado de vivências pessoais, terapêuticas e espirituais.

Ao desbravar esse novo modo de ser, tomei consciência de um fenômeno intrigante: tratar-me com gentileza é algo estranho à cultura que, no atual estágio evolutivo, tipicamente alimenta um ciclo de aprendizado em que a acusação e o foco nos fracassos são as formas mais comuns de corrigi-los.

Neste modelo, percebi que quando erro, as falhas são apontadas com mensagens que incutem culpa e inadequação. Em seguida, me sinto mal e, para evitar reviver esses sentimentos, crio defesas diversas, como fugas, negação, alienação, entorpecimento, doença e indiferença.

Por medo de sofrer, percebi que me anestesio e perco a comunicação comigo mesma e com meu processo de aprendizado. Foi quando passei a me questionar:

- ✳ Como restabelecer esse contato interior com gentileza?
- ✳ Como criar um diálogo prazeroso, amigo e solidário comigo mesma?
- ✳ Como aprender a evoluir de forma leve?

Em busca dessas respostas, precisei olhar para a minha sombra – ou seja, aspectos incômodos e, também, potenciais desconhecidos do meu ser. Nesse contato, descobri parte de sua real identidade: a sombra protege a infância espiritual que me habita! E como qualquer criança assustada, ela também está em busca de acolhimento, diálogo que esclarece e limites amorosos para, então, encontrar terreno fértil e florescer em amadurecimento.

A cada mergulho nessas profundezas, uma nova compreensão, um novo texto – cuja coletânea tenho a alegria de compartilhar neste livro. Ao transbordar essa experiência, sugiro que o leitor experimente se abrir para as possibilidades de acolher sua sombra e evoluir com generosidade e autoAmor.

Dentro de si, cada um tem um mapa a seguir para se desenvolver e amadurecer. A caminhada espiritual é individual, única e original. Cada um percorre a trilha da conexão com a centelha divina, que a todos habita e convoca a sermos os mestres de nós mesmos.

Daniela Migliari

"Sinto que não existe bem ou mal.
Existe o que é Amor e o que não
se percebe como Amor ainda..."

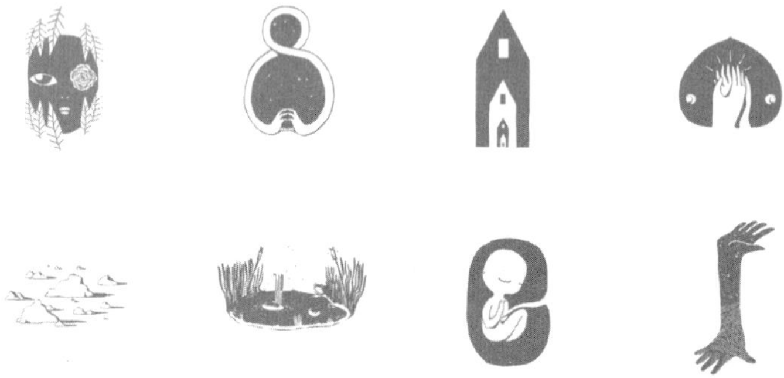

CAPÍTULO 1

Abraço à sombra

Haikai ao fundo do avesso

Que no fundo do meu vazio
Eu Te encontre
E por meio de Você, eu ame.
E da escassez,
Brotem flores inéditas
De Amor.

Reconexão com o sentimento: um retorno à essência

Nesse mundo cheio de regras para que alguém seja admirado ou aceito, um toque - somente um toque - de histeria pode ser justamente o que preciso para reconectar com minha fonte interior e verdadeira.

A sensibilidade extremada, durante anos, recebeu o rótulo de histeria, especialmente em mulheres com desejos e vontades abafados pelas regras da sociedade civilizada. Assim, pouco a pouco, tratamentos, remédios e convenções foram gerando desconexões com a "mulher selvagem" e o "homem selvagem" interiores.

Quando digo selvagem, o faço no sentido de conexão plena com o ser: com as verdades, intuições e necessidades mais profundas, expressas na "sabedoria da carne". O corpo físico registra o inconsciente, com todos os seus potenciais de integração e expansão de si mesmo. Essa sabedoria não precisa ser reprimida, silenciada e negligenciada. Antes, pode ser acessada com calma e humildade.

Anestesia que silencia

Por um tempo, a intensidade do sentir vinha sendo sistematicamente silenciada em mim. Por uma necessidade de "não perder o controle", ser "socialmente aceita", me "encaixar nos padrões" e me sentir "segura". Todas escritas "assim", entre aspas, pois não passam de demandas externas, e não um movimento autêntico do meu ser.

O sentir que dói – e também impulsiona, cura e transforma – ficou restrito a cacos de espelhos antigos, roubados da chance de reluzir o brilho da Luz e iluminar as partes ainda-obscuras do meu ser. Era tudo tão intenso que desejei, por um tempo, parar de sentir. Doía demais, era difícil processar, então, precisei enlatar, calar e viver anestesiada.

Agir desse jeito foi bom. Foi confortável e, confesso, menos cansativo. Porém, paguei um preço bem alto. Nesse modo, fui parando de viver meu eu, meu desejo, meu fogo e brilho naturais. Minha Vida ficou prática. Apagada. Fria. Inerte. Medida. Fast-food. Opaca. Rasa. Sintomática. Até parei de escrever...

A racionalidade, tão supervalorizada nos dias atuais, foi espremendo o lugar das emoções, confinando-as em um espaço pequenino, discreto e silencioso. "Não pode aparecer demais, não pode incomodar demais, não pode chamar tanta atenção e, muito menos, sair do quadradinho devidamente prescrito e recomendado!"

Enfim, volto a ver: essa sensibilidade tem também seu lado-luz! E agora estou determinada a resgatá-la. Ainda tenho medo de conectar com toda a intensidade do meu sentir que, por vezes, é gigante ao ponto de me tomar. No entanto, sinto-me irresistivelmente atraída a vivenciá-la novamente.

Sentir que dá voz

- Como fazer do sentir algo bom, leve e livre?
- Como dar sentido autorresponsável e prazeroso à locomotiva das emoções?

* Como vivê-las a meu favor, de forma saudável e criativa?
* Como deixá-las me tocar sem me destruir?
* Como senti-las com inteireza e gratidão?

Perguntas sem respostas. E que, mesmo assim, não conseguem mais ficar caladas e sem voz. Perguntas que precisam de espaço para se lançarem no ar, se expressarem e se darem a conhecer.

Que bom abrir as portas para mim mesma novamente, e retornar à minha essência. Que bom estar de volta...

Mesmo sem saber o que me espera no surpreendente jogo do sentir... quero saltar neste espaço – livre de tarefas e receitas prontas.

Abraço à sombra

Cada um tem sua Luz.
E sua Sombra.
Partes de si mesmo multiplicadas em reflexos
nos espelhos da Vida.

A sombra não amadurece quando silenciada,
evitada, mistificada.
Ela precisa, sim, ser acolhida, acariciada, amada.

Depois desse sublimar de dores, torna-se
pacificada e aberta.
Então, pode ser conscientizada e integrada.
Com paciência e devoção.
Vista e aceita.

Então, abraço-me como um todo.
Já é hora de as máscaras caírem.
O conflito vem da dor da sombra...
Que clama por reconhecimento e validação.

Não há certo ou errado.
Há somente o que é Amor...
E o que não se percebe como Amor AINDA...

Amo a mim mesma.
Sem culpas.

Sem vergonhas.
Sem julgamentos.

Neste novo lugar,
agora sim...
O novo encontra terra fértil para fecundar!

Os códigos QR que aparecem no livro são links que irão remeter à página da autora no Youtube, com a narração de cada texto.

Carta de amor ao que sou

Querida Daniela,

O que é você?
Quem é você?
O que te define?

O que você foi?
É?
Um dia vai ser?

Eu sou movimento. E não a ilusão do que se deixa definir e rotular.

Fui muita culpa, muito medo, muita agressão.
Fui erros e acertos.
Fui fugas, vícios, exageros.

Um mar de autocríticas e exigências.
Comigo. Com o outro.

Fui insegurança.
Medo da falta de amor.
Receio de frustrar.
Terror de perder.
Necessidade de controlar.

Fui invasão, abuso, interferência.
Prepotência de salvar alguém.

Pressa de evoluir.
Impaciência de esperar.
Ansiedade de me tornar.

Criança deixada de lado, abandonada, ferida.
Fui medo.

Fui fome de Amor, segurança e carinho.
Fui rejeição. Fui trocada.

Fui criticada. Culpada.
Calada, amordaçada, tampada.

Colei-me a esses diversos lugares, por
necessidades mil.
Por vontade de pertencer a histórias.
Me categorizar, parar, estancar.

Fui, sim, tudo isso!
Passei por isso.

Sou – sobretudo – movimento.
Este permanece.

Comi muito mais do que precisava.
Chorei, dramatizei, compliquei.

Eu fui! Experimentei!

Senti o que pude nas escolhas vividas...
E, quer saber? Tudo bem!!!!

A mãe que não cresce.
A filha que exige.
A esposa carente, em demandas crescentes.

Olhar voltado pra fora...
Alheio ao "dentro".
Que agora desperta!
Focado no centro.

Como entender, tocar, viver...
... algo tão intangível como a essência do Ser?

É experimentar-se sempre.
Sentir a vontade.
Conectar com o sentimento.

Sem apego, leve e solta...
E, ainda assim, pertencendo:

Sou a mulher, a esposa e a mãe.
A filha, a irmã.
A profissional, a pessoa que escolhi ser até aqui.
Livre para viver novas verdades...
A cada momento.

Minha verdade – agora – é que sou Amor em Movimento.

Sou os sentidos que dou ao meu caminhar.
Sou fogo, sou ar, sou terra, sou água.
Sou Luz e Sombra.
O Tudo em mim e eu n'Ele.

Me perdoo. Me admiro.
Por TU-DO que fiz, pelo que faço, pelo que consigo ser.

Já que a Vida é movimento,
e só anda pra frente...
Sigo confiante na Luz que me habita,
incontestavelmente.

Em minha natureza, sou simplesmente...
O Amor que consigo expressar no momento.

O resto é tempo, espelho, experiência...
Na poeira das horas,
Nos rastros do cometa Vida.

Sou gratidão, sou reconhecimento.
Sou o respeito consciente pelos processos de vida daqueles que me cercam.

Em suas experiências, vejo beleza.
Caminhada.
Florescimento.

Respiro devagar...
Aceito.

Respiro de novo...
Observo neutro.

Respiro mais uma vez...
Agradeço.

Inspiro devagar.
Me compadeço.

Expiro o ar.
Sirvo em silêncio.

Por fim, adormeço...
Ao som da sinfonia do que estou.

Sorrio, e me entrego...
Amo.
Sou.

Encontro com a sombra

Hoje, caí de joelhos diante de mim.
Olhei bem no fundo dos meus olhos.
Vi minha porção mais opaca, bem de perto.
Pude sentir a escuridão que me habita.

Toquei fundo na minha pequenez.
Percorri com os dedos aqueles territórios que receio examinar.
A necessidade de ser maior do que o outro.
A necessidade de diminuir o outro pra me sentir mais importante.

Então, olhei um pouco mais fundo.
Por trás desses lugares, percebi uma planície ainda mais vasta:
O medo de ser desprezada.
O orgulho ferido.
O terror de ter o meu valor atacado.
A dor da exposição ao ridículo.
A fera que mostra suas garras quando isso acontece.
A animalidade que vem à tona ao ser contestada.

Não, Sombra amiga, hoje eu não vou te calar!
Tampouco vou sentir culpa em teu nome.
Também não vou ignorar sua enorme presença em mim.
Não mais...

Hoje, quero te olhar de frente.
Como olho nos olhos de uma filha que acabou de riscar a parede inteira.
Sabendo que era errado fazer, e optou por seguir adiante mesmo assim.
Não adianta bater, gritar, colocar de castigo.
Não adianta violentar.

Então, como agir com uma criança que faz algo para, talvez, chamar a atenção?

Dou colo e converso, com voz doce e calma: "Querida, você está cansada? Você está brava? Você está nervosa? Está sentindo medo?"
"O que foi que te chateou? O que foi que te feriu? O que que te deixou assim, nessa defensiva toda? Você quer dormir? Quer tomar uma sopinha quente e se aconchegar num cobertor, abraçada comigo? O que você quer?"

Então, eu olho para essa criança, com a expressão ainda mais próxima, parceira e solidária que puder, e sigo acolhendo:
"Vem cá, deixa eu te dar um colinho... Deixa eu murmurar uma música, enquanto nino seu coração junto ao meu, pra frente e pra trás, vamos respirar juntas..."
"Vem... Deixa eu te tranquilizar.
Deixa eu dizer que seu valor existe, e não há quem conteste isso.

Que não precisa sentir prazer na derrota de ninguém pra se atribuir valor.
Que esses aspectos infantis – todos e cada um – são anos e anos, Vidas e Vidas, repetindo esses tropeços."

Vícios morais que se perpetuam. Antigos conhecidos. Tal qual trilhas cujas marcas vejo fortemente registradas nos gramados. Caminhos esses que, de tão abertos, sinto-me irresistivelmente atraída a passar por lá, aturdida pelo vício de percorrer o mesmo lugar.

"Vem cá, deixa eu te mostrar que existem caminhos diferentes.
Uma forma inédita de sentir com relação ao outro.
Uma maneira nova de se deixar inspirar pela Vida.
Um jeito surpreendente de agir diante dos lances inesperados."

Tem muitas trilhas a serem percorridas dentro de mim.
No entanto, não vou mais abri-las à base de força, repressão.
De grito, culpa, entorpecimento, fuga.
De ignorar fatos, de tampar o Sol com a peneira...
Nem mesmo de encher a cara de brigadeiro, não...

Vou aproveitar a oportunidade maravilhosa que se faz presente por meio desses instrumentos divinos que Deus coloca no meu caminho, a começar de minha própria Sombra.

Quero agradecer por cada ser, cada espelho que encontro para conseguir enxergar o que tanto clama por ser visto dentro. E assim, somente assim, ter elementos para criar algo novo.

Gratidão pela oportunidade bendita do convívio!
Pela oportunidade bendita dos atritos!
Pela oportunidade bendita que essas faíscas trazem para mostrar a necessidade do autoacolhimento, seguido de autoconhecimento e, então, o semear do auto-esclarecimento, com as sementes benditas do Evangelho de Jesus.

E, assim, alçar voos mais livres, em movimentos novos de criação.

Que eu tenha a força de acolher minha sombra com todo Amor, com carinho e generosidade. E também com o foco e a determinação que somente as aventuras mais instigantes conseguem despertar nas fibras mais profundas do coração.

Gratidão por mais este encontro com minha Sombra!

A dolorida pressa de evoluir

"Pois o que faço não é o bem que desejo, mas o mal que não quero fazer, esse eu continuo fazendo".

Epístola de Paulo aos Romanos – 7.19

O notável apóstolo Paulo de Tarso, há mais de 2000 anos, dedicou-se a falar da dor que tanto consome os seres humanos: a impotência diante das más inclinações.

Depois de um ato de desamor que pratico a mim mesma e ao próximo, vem o sentimento de culpa e remorso. Esses elementos são a dor da consciência ouvida tardiamente. Após o reconhecimento da atitude equivocada, retomo a caminhada e compreendo que, quando abraço-me à culpa, fico presa, chumbada às zonas estéreis da lamentação. Fujo do movimento de autorresponsabilidade.

Diante de um excesso, identifico seus porquês e traço metas de como agir diferente, de como pensar e respirar fundo momentos antes de explodir, de que recursos lançar mão para não dar o primeiro grito, o primeiro gole, a primeira colherada, a primeira ofensa, a primeira violência...

Vem a hora de agir e... falho novamente!

Arrependimento moral imenso invade o ser. Dor que de tão intensa, dói no corpo. Lembro novamente das palavras de Paulo, e mentalmente o abraço num pranto solidário.

Passado de truques

Vem a sensação de estar vencida, a despeito de todas as decisões internas, resoluções de ano novo, dia novo, minuto novo, segundo novo. Sentimento de derrota: me vejo de joelhos em frente às dezenas de livros lidos, palestras assistidas, preces realizadas, reuniões espirituais, meditações. Tudo parece ser em vão...

Nessa caminhada, há contato com muitos truques, técnicas de neurolinguística, cursos de autoconhecimento, e o tal milagre não acontece. Todas as buscas são, sim, muito válidas. No entanto, é fundamental ir além da ingênua expectativa de mudança imediata, fabricada, e sem os pés no chão: pois elas podem, muitas vezes, desaguar em oceanos de frustração.

Dá vontade de desistir e jogar tudo pro alto... Será que fugir resolve!? O que resta então? Respirar, amadurecer e abraçar a Sombra, que está carente de um olhar.

É produtivo calar as trevas?

A tendência cultural é reprimir ou silenciar qualquer voz que ameace a figura tão exigida pela sociedade e por mim mesma, diante do espelho. Acontece que, diante dos fatos, é fundamental abraçar a verdade do meu ser e tudo que ele "tem pra hoje".

Afinal, são inúmeras experiências construídas em anos e anos de cultura genética, familiar, social, emocional e espiritual para lidar. A Vida pede que eu diga um alto e sonoro SIM para meu ser e para minhas sombras mais secretas.

Simplesmente porque a dor, o desequilíbrio e a necessidade doentia costumam vir de um conflito amordaçado dentro. Um grito rouco, desesperado por ser ouvido. Uma criança desprotegida e cansada das velhas defesas e recursos, clamando por colo, limites e Amor.

E a verdade vos libertará

Ao fazer esse encontro interior, a misericórdia divina é tão abundante que mil caminhos se abrem adiante com a palavra que anima, o silêncio que cura, a mão que ergue e a certeza que confirma: estar em movimento é o que me define!

Principalmente quando sei para onde quero ir, ainda que muitas vezes eu não consiga nem mesmo reconhecer a direção. Os magnetos internos do meu ser são atraídos todos, sem exceção, ao mesmíssimo destino: fluir direto para os braços amorosos de Deus! Quero amar e estar com Ele, sim...

... Não sem antes iniciar uma profunda história de Amor por mim mesma, aqui e agora, na Terra!

Abraçando meus "aindas"

Estar em paz com minha condição atual, com todas as trevas, não significa que vou me amarrar a elas, num 'abraço de afogados'; antes, me conhecer, me assumir diante de mim mesma, me acolher no melhor que tenho e em tudo que manifesto do "AINDA em construção em mim".

Ressalto o AINDA em caixa alta porque, no meu sentir, a razão de existir é evoluir. Assim, passo a passo, respiração a respiração, no tempo que eu dou conta de realizar.

Dizem que, para Deus, o tempo não existe. Então, imagino que ter pressa pode atrapalhar... Dessa forma, oro por mim:

Senhor,

Que eu tenha paciência comigo, seja amorosa e solte o chicote que tanto me castiga e agasta o ânimo.

Que eu viva a alegria do momento presente fazendo as melhores escolhas possíveis.

Que eu possa me olhar com Amor, foco, compromisso e disciplina: uma disciplina que é, antes de tudo, doce, paciente e amorosa.

Que eu perceba meus aspectos de 'ainda-não-Amor' com lucidez, carinho e compreensão.

Afinal, só existe o que é Amor, e o que não se percebe como Amor AINDA...

Assim seja, hoje e sempre.

O equilíbrio que reside na sombra

Uma breve história inicia este texto:

Era uma vez uma mulher muito controladora. A conhecida *control freak*, como dizem por aí.

Ela conheceu uma expressão espiritual que muito a contentava e dedicou-se a iniciar a trilha do 'Conhece-te a ti mesmo'. Estudava com devoção a Vida de Jesus e, como serviço-aprendizado, secretariava um grupo de implantação do Evangelho no Lar de famílias que queriam esta prática em suas rotinas. Atuava, também, nas visitas a essas casas – o que proporcionava-lhe imensa alegria!

Neste caminho abençoado, foi se fortalecendo e, então, ela pôde perceber a forte necessidade que tinha de controlar o mundo à sua volta. Essa atitude começou a incomodar a si mesma e às pessoas com quem convivia. Ficou tão angustiada com essa característica que decidiu mudar radicalmente. Fez uma prece fervorosa aos céus, pedindo do mais fundo do coração para que Deus arrancasse o controle de seu interior. Terminou a prece em prantos sentidos.

Cinco minutos depois, já recomposta e voltando a si, viu que chegou um email da coordenadora do grupo ao superior da casa espiritual à qual serviam: 'Graças ao CONTROLE minucioso exercido pela nossa secretária, duplicamos o número de lares visitados pelo Evangelho de Jesus no último ano'.

Resposta. Impacto. Silêncio.

Chocada e embevecida com a palavra direta de Deus – porque existem momentos em que Ele envia sinais tão grandes, que mais parecem tortas na cara –, pôs-se de joelhos, num pranto suave e agradecido: 'Sim, recebi a Sua mensagem'.

Daquele dia em diante, ela começou verdadeiramente a compreender que tudo serve ao Amor. Absolutamente tudo. Até mesmo, a necessidade de controle, desde que em doses adequadas.

Quem está a serviço de quem?

Esta história revela a luz que existe na Sombra. Ela não precisa ser extinta: é tão somente uma força a ser equilibrada. Para ilustrar este entendimento, recorro à figura do botão de volume de um rádio.

Em termos de "atitude controladora", se o botão ficar sempre no volume máximo, esta característica pode incomodar bastante. O som fica alto demais, e ele – o controle – passa a preponderar e a usar a pessoa em questão, e não o contrário. E, afinal, quem está a serviço de quem?

Por outro lado, o volume zero mostra outro extremo desta equação. Sem controle algum, como ficam as contas, a dieta, a agenda, a vida profissional? Novamente, vem a pergunta: quem está a serviço de quem?

Há momentos em que o controle precisa estar no volume zero. Em outros, precisa estar no volume dez, no oito, no cinco. Cada situação se apresenta com sua necessidade.

É o movimento entre o zero e o dez, momento a momento, desenvolvendo a sintonia fina da auto-observação, da observação do outro e das dinâmicas das relações que traz consciência, despertamento e sabedoria.

Conheço-me a mim mesma e regulo o volume

E assim é com diversas outras expressões do ser. Mesmo a violência, a raiva, o medo. Todos são úteis em situações muito particulares da Vida.

Numa hora de perigo, por exemplo, é fundamental ter adrenalina correndo nas veias para saber direcionar e dar bom uso a estas expressões, sendo coerente perante as Leis da Terra e de Deus. Sim, o equilíbrio parece mesmo ser a chave de tudo.

Dia desses, propus este teste a uma pessoa. Pedi que citasse as três características que mais a incomodavam em si mesma. Ela mencionou: 'ser fofoqueira', 'encrenqueira' e 'mandona'.

Fomos olhar mais de perto e procuramos as luzes que também se expressam nessas atitudes. Encontramos algumas faíscas prestes a reluzir:

A 'fofoqueira' pode ser a atitude comunicativa, no volume alto e com o foco desviado para fora. Conseguimos entender que a comunicação, quando bem regulada e orientada, é força maravilhosa perante a Vida.

A 'encrenqueira' parece ser a justiça tomada de forma desvirtuada "no volume 8", segundo a própria entrevistada. E a provoquei: "O que seria do mundo se os militares não fossem encrenqueiros o suficiente para marcharem pro front e conter o nazismo?".

A 'mandona', após análise divertida, costuma ter uma pró-atividade "nível 9". E esta força pode acessar grandes riquezas quando aprender a ouvir as sugestões dos outros. Quando abre espaço para valorizar-se com seu movimento de liderança bem ordenado e equilibrado.

A riqueza que mora nas sombras

Este é um experimento que parece ingênuo e, quando levado a níveis profundos, pode ser um imenso acervo de tesouros. A Sombra tem um porquê, uma necessidade de se expressar exatamente como faz. Ela precisa ser vista e olhada como é. Sem enfeites, sem subterfúgios, sem filtros. Pude olhar mais além e conversar com ela: "Querida sombra do controle, por que você está aí?".

Ela respondeu: "Bem, quando precisei controlar tudo à minha volta, foi porque me senti insegura por tanto tempo, num determinado período da minha Vida, que precisei desenvolver este aspecto do controle para me garantir sã e segura. E quer saber? Foi bom, foi útil, foi fundamental ter atravessado este lugar em volumes altos de controle. Sendo mais exata: foi o que me salvou!"

Reverenciar esse esforço no momento certo, da forma como foi, é o que faz as dores se aquietarem e se permitirem tomar um novo sentido. Elas precisam de validação por um tempo: "tudo bem ser controladora, eu precisei disso"; "tudo bem ser raivosa, eu precisei disso". Tudo bem!!!

Validação necessária antecede o novo movimento

No momento seguinte, validado, o aspecto em questão quer sair da sombra e mostrar seus contornos mais sagrados. Então, olho para ele, o aspecto-sombra, e convido-o ao novo, falando comigo mesma: "O aspecto X agora está mandando em mim, que tal fazer uso dele e não me deixar ser usada? Os tempos são outros, não preciso mais dessa defesa tanto assim. Sei que ela foi útil, e ainda é ou será em um ou outro momento. E pode, pelo menos por agora, equilibrar-se num instrumento a ser usufruído com calma e sabedoria".

Em seguida, posso me perguntar: "Cabe mesmo eu exigir isso de mim? Do outro? Eu já estou tão segura em dizer NÃO que já posso me permitir dizer SIM algumas vezes?"

Enfim, a inspiração e os passos seguintes chegam de todos os lugares, especialmente por meio das relações mais próximas. De ouvir aqueles que mais estão expostos à minha atitude.

Os desequilíbrios mostram quando o botão do volume está muito alto ou muito baixo. As portas fechadas na cara indicam o que precisa ser visto.

As perdas mais dolorosas são um mapa precioso.

A Vida se expressa por meio dos aprendizados, apontando claramente a direção a seguir para amar mais, confiar mais e me entregar mais.

Convido-me, momento a momento, a fazer bom uso do controle, regulando seu volume conforme a necessidade se apresenta. Ver a luz que reside na sombra, nos excessos, nos extremos e, então, equilibrar na sabedoria do movimento.

Passo a passo, devagar: pode ser leve, pode ser doce.

Questão de tempo

Com calma, respiro e sigo...

Finalmente, desisto de resistir
Me entrego para sentir
Que o Amor, definitivamente,
Cobre toda e qualquer multidão de pecados.

Com calma, respiro e percebo...

Que o tempo não urge, e a ansiedade é só uma ilusão
E dentro da iLUSão, também tem LUZ
Ela também tem sua missão!

Amada professora
No mundo dual do entendimento
Até que eu me perceba no oceano de bênçãos
Berço de toda misericórdia e redenção
Na mais pura conquista da integração!

Nos recantos profundos do meu ser
Luz e sombra são irmãos
Calma e pressa se dão as mãos
Dor e riso se fundem em união!

Companheiros duais
Faces iguais

De uma única moeda:
A conquista da paz!

Na graça e na alegria de viver...
Gozar a vibração de saber
Que estou aqui pois posso ser
O ser que sou...
Eu sou Amor!

Reencontros em mim

Eu te vejo
Eu te reconheço
Eu te honro
Eu te agradeço

Cada parte de mim
Cada manifestação do meu ser

Cada persona,
Nesta e, quiçá, em outras Vidas

O Self que Eu Sou
Se compõe desta soma
De eus
Deus em mim
Te agradeço
Por compor a sinfonia do que estou

Do experimentar
Do cair e levantar
Do errar e acertar
Do partir e integrar

Cada experiência
Cada sorriso
Cada receber
Cada doar

Tudo isso junto,
Misturado, vivenciado

Eu te vejo
Eu te reconheço
Eu te honro
Eu te agradeço

Vivo. Sinto. Amo. Sou.

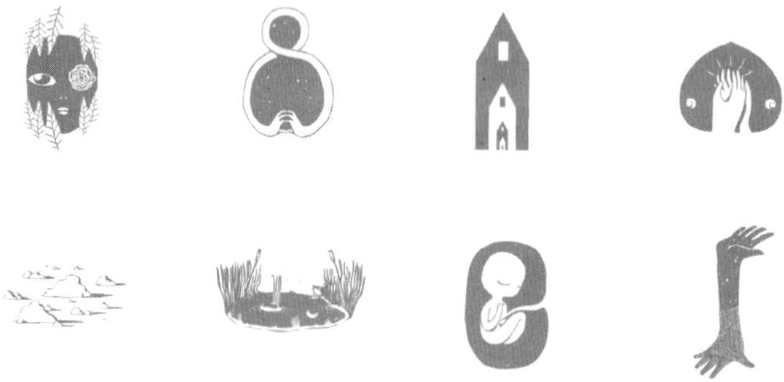

CAPÍTULO 2

Infância espiritual: elementos da compreensão

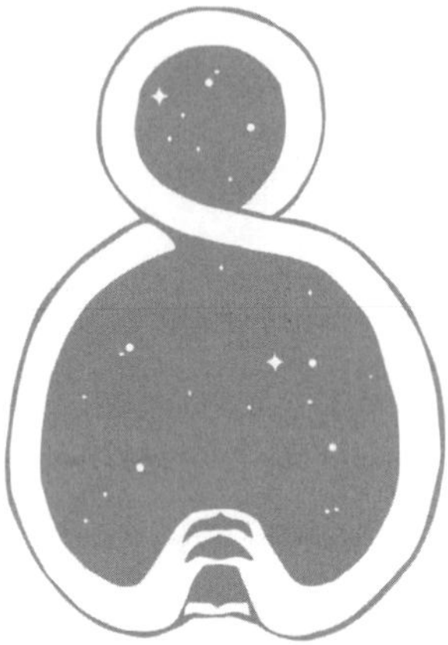

A caminho da luz

Nem vítima, nem algoz
Nem prêmio, nem punição
Nem erro, nem acerto
Nem apego, nem aversão
Sou jornada, caminhada
Gratidão a todo tempo
Sou Amor em Movimento

A infância espiritual

"A Vida é um aprendizado". "A Terra é um planeta escola". "Estamos aqui para aprender". São muitas as máximas a lembrar de que o propósito básico da existência é evoluir.

No entanto, ainda que por breves momentos, é comum resistir a este propósito e estacionar! Diante de algum obstáculo, simplesmente paro, perco movimento diante de alguma manifestação inconsciente da minha infância espiritual.

E o que faço diante de uma criança que ainda não aprendeu a engatinhar, a andar, a falar? Eu a condeno? A julgo incapaz? Sinto-me superior a ela? Claro que não!

Olho para a criança em processo de aprendizagem com ternura e confiança na Vida. Sei que chegará o dia em que um passo antecederá outro; em que a fralda amanhecerá seca; em que a noite inteira será dormida; em que a frase será corretamente pronunciada. É só questão de tempo...

Posso aplicar essa mesma ternura e confiança à manifestação da minha infância espiritual (e à dos outros)? "Mas trata-se de um adulto consciente!", retruco. Porém, nos assuntos do coração, da dor, dos traumas, mesmo o mais experimentado dos seres guarda em si conexões diretas, ainda que inconscientes, com sua criança ferida.

Isso não quer dizer que alguém que manifeste um determinado aspecto infantilizado seja terminantemente menos maduro do que outra pessoa que já não sofre por isso. O ser humano, em suas ricas manifestações, possui matizes mil de personalidade. Por isso, a ineficácia das comparações entre uns e outros.

Um condenado por um crime qualquer, por exemplo, pode ter desenvolvida a humildade, e ainda não ter a paciência amadurecida. Tem, certamente, uma programação didática diferente da minha.

Não há sentido algum, portanto, em comparar, medir, julgar. Cada pessoa tem sua proposta "acadêmica" gravada na consciência. O caminho a ser percorrido por cada um é único e intransferível. Julgar esse roteiro é, portanto, tão ineficaz quanto indesejável.

Ao me deparar com a impaciência alheia, a teimosia, o orgulho, a vaidade e o egoísmo, lembro: eis a infância espiritual deste irmão, que eu possa servir de instrumento para ele seguir em frente. Que eu me abstenha de condenar, apontar, ferir.

Que eu seja a mão que ergue, a palavra que anima, o olhar que estimula. Que eu tenha profunda admiração por seu processo de aprendizado, e reconheça que este não é melhor nem pior do que o meu – é diferente.

Que eu o observe com a mesma doçura que lanço à criança que aprende a caminhar. Porque eu também, certamente, tenho questões a amadurecer; equações a solucionar; verbos a conjugar; teses a dissertar.

Quando não há êxito na escola, a recuperação reavalia o aprendiz. Quando não há aproveitamento suficiente, repete-se de ano para revisitar, uma vez mais, as lições ainda não apreendidas.

Porém, não há retrocesso nunca: não há retorno para uma série anterior. Revisita-se a lição. Neste lugar, a Vida lança, novamente, as perguntas que estimulam o estudante a desenvolver e expressar a resposta necessária.

Uma vez respondida, a etapa é superada e retomo a caminhada e o movimento ascensional. E a Vida, como excelente mestra que é, amorosamente lança novas outras interrogações.

Assim, sigo o fluxo da existência: de pergunta em pergunta, de resposta em resposta, galgando os níveis da jornada evolutiva.

É a ânsia da Vida por Si mesma, conduzindo-me rumo à maturidade espiritual. Gratidão, ó Pai-Amor, pela maravilhosa escola da Mãe-Vida!

Doçura dentro: o milagre da indulgência

Quando me deparo com o amargor em pensamentos, julgamentos, emoções e atos, dentro ou fora de mim, busco o recurso da doçura por todos os cantos: em músicas, amigos, carinhos, comidas, pensamentos...

Queridos refúgios a me distrair enquanto não percebo que a porção mais doce que procuro reside aqui, nos recantos mais profundos do ser. Está na alma, onde mora a virtude maravilhosa da indulgência (*in-dulce-em-si*): a doçura dentro.

Um doce que brota nas terras férteis da compreensão, num olhar generoso diante de mim mesma, num respeito profundo pelos processos, ritmos e escolhas do "até então". Para além dos próprios limites, expande-se em olhar compassivo sob lentes doces de compaixão e paz diante dos processos, ritmos e escolhas também dos outros.

Com essas lentes, ao me deparar com os meus-seus-e-nossos muros de impossibilidades e insuficiências (ainda), passo a ter o mesmo olhar de paciência e confiança que uma mãe deposita sobre a criança que aprende a caminhar. Ela sabe que, a despeito das quedas e tropeços, é certo o momento em que um pé antecederá o outro rumo à longa jornada da Vida.

É assim que mereço sentir-me sobre mim mesma, com essa calma, essa confiança, e essa certeza da inexorável evolução. Integrar em amor e doçura um passado imerso em experiências de reprovação, crítica, aridez, culpa e dor.

Habitado, também, por aprendizados, amores, conquistas e muitas descobertas.

No dia a dia, nos pequenos detalhes, trazer o tempero leve do riso, do bom humor, da esperança – aquela que sabe esperar e respeitar o tempo de maturação.

Não o tempo da rigidez, da ansiedade, das providências práticas. Antes, o tempo vivido rumo ao bem, que caminha de mansinho – e firme – pro alvo: acender dentro de mim a chama do Amor. Não num amanhã intocável e distante: antes, na escolha, momento a momento, de viver a boa nova no bem possível, agora.

Viver nesse tempo é conectar com o poder do presente. Como diz o próprio mestre nazareno, em breve trecho do texto "O talismã divino", no livro Jesus no Lar, de Néio Lúcio, com psicografia de Chico Xavier:

— "Esse bendito talismã é propriedade comum a todos. É 'a hora que estamos atravessando'. Cada minuto de nossa alma permanece revestido de prodigioso poder oculto, quando sabemos usá-lo no Infinito Bem, porque toda grandeza e toda decadência, toda vitória e toda ruína são iniciadas com a colaboração do dia. O **tempo** é o divino talismã que devemos aproveitar."

Aproveito-o, portanto, com leveza! E me abro para a possibilidade de evoluir sim: com doçura dentro!

A autorresponsabilidade integra a culpa

Com base no princípio de que tudo tem luz e sombra, precisei explorar um tema bastante sensível para mim e, talvez, para muitas pessoas: a culpa. Meu objetivo? Compreender a luz que essa sombra traz.

É muito desagradável sentir culpa por algo, seja um ato deliberado ou uma fantasia inconsciente. Boa parte das reações emocionais da vida adulta costuma vir de histórias criadas sobre fatos que a psique não teve condições de interpretar na infância. Por meio de terapia, tive a felicidade de perceber algumas delas e ver que cada um desses fantasmas, quando olhado mais de perto, não passa de uma grande ilusão.

Retirados esses véus, entendi que o lado-luz da culpa é a autorresponsabilidade. O benefício dessa conclusão é imenso: com os aprendizados, saio do lugar de vítima e assumo ser protagonista. Sinto-me mais capacitada e, ao mesmo tempo, livre. Encontro a responsabilidade que deixa de ser peso e vira possibilidade de aprendizado.

Um exemplo bastante comum: "Sou responsável pela separação dos meus pais". Por alguma razão, crianças podem acreditar nisso e passar o resto da vida presas a essas crenças, em dolorosos processos de autopunição.

Diante de uma culpa, em primeiro lugar, é importante avaliar se o que aconteceu é realmente responsabilidade minha, ou se outras pessoas e uma sucessão de fatos me levaram a construir esta versão e a crer nela. Boa parte dessas conclusões fantasiosas são criadas por nós mesmos. Especialmente as mais estruturais, as que mais tocam.

Feito esse questionamento, o passo seguinte é perceber: quando cometo um erro, falho em alguma relação ou projeto, surge, também, a preciosa chance de aprender com o que aconteceu.

O importante é assumir a parte no ocorrido, atravessar o período de dor, deixar-se sentir e, logo que possível, olhar para a frente, sem permanecer no drama por mais tempo que o necessário para a tomada de consciência.

Quando permaneço no drama, a culpa passa a ser cúmplice do sofrimento. Ela paralisa o movimento, impede o aprendizado, adia a tomada de responsabilidade e de novas atitudes.

As lamentações do tipo "ah, não deu certo!" também são adiamentos. Pois o erro é um atalho para o acerto. Especialmente se o foco estiver na experiência adquirida. O importante é levantar rápido das quedas e não se apegar ao tombo, lambendo o chão das culpas.

Eu me responsabilizo pela própria Vida e paro de ficar procurando bodes expiatórios para as situações em que não tive sucesso.

Um exemplo corriqueiro: um casal não vai bem, e um deles sentencia que "é tudo culpa do outro!". Quando faço isso não percebo que, ao culpar o outro, entrego o poder do que me acontece a ele, e perco a potência de agir. Desperdiço ou adio a rica oportunidade de me responsabilizar pela minha contribuição no processo.

Quando me aproprio do que me cabe, ocupo meu lugar, retomo poder pessoal e fico pronta para construir atitudes novas, dali em diante. Assumo as rédeas das escolhas e atos. Desenvolvo habilidades com tudo o que passou. Analiso, questiono e aceito o caminho que percorri para alcançar compreensões, em qualquer que seja o cenário.

E isso é muito bom! Ao invés de procurar culpados, torno-me consciente da minha parte e atuo para progredir sobre ela. Uso a meu favor algo que poderia ficar me consumindo. Ganho movimento e escolhas.

Essa compreensão amplia a culpa e seu peso para um lugar de protagonismo, aberto para o novo e para o movimento em direção ao "mais", na caminhada da Vida. Então, sinto o frescor e as infinitas possibilidades de viver com autorresponsabilidade.

Cinco chaves para o perdão

Como lidar com situações em que me sinto ferida? Como lidar com sensações plenas de dor? Como seguir adiante com a mágoa e a acusação de que o ofensor me deve algo? Com a ideia de ter sido injustiçada, maltratada?

No meu mosaico interior de ideias e perspectivas a respeito de perdão, há cinco delas a que sempre recorro quando preciso ampliar o olhar acerca do que realmente pode estar acontecendo:

1. Ninguém dá o que não tem (ainda)

Uma pessoa que não se percebe como alguém que recebeu Amor, atenção e carinho costuma ter a tendência de repetir padrões, recusando-se, por sua vez, a dar amor. Quando alguém sente que não tem algo para dar, é possível exigir que ela entregue este algo ao mundo?

Não se trata de uma sentença, pois, ainda bem, a Vida ensina e instiga as pessoas a saírem desses lugares estagnados. Muitos conseguem ir além dos conhecidos padrões e ousam desenvolver novas formas de se relacionar.

Ao fazer uma reflexão, vejo os momentos em que machuquei pessoas num ato irrefletido, sem presença. Quando estava com medo, nervosa, fraca, inconsciente e não me senti capaz de agir de maneira equilibrada.

Seja de forma premeditada ou não, segue intocada a afirmação de que "ninguém dá o que não tem". Porque, por mais que uma pessoa deliberadamente faça mal a alguém, isso por si só prova o estado momentâneo de inconsciência em que ela se encontra.

Estado este, graças a Deus, transitório e de muito aprendizado. A Vida sempre convida (e quando resisto, me arrasta) a seguir adiante... Assim, posso confiar que aquele ser está em caminhada, assim como eu. E posso perceber que aquela atitude foi tão somente o resultado desse momento evolutivo.

2. A agressão não é pessoal

Seguindo essa linha, quando firo alguém, é nada mais nada menos do que refletir lá fora como estou aqui dentro. Só dou o que tenho. Se tenho raiva, insegurança e medo, reajo em coerência com essas frequências. Sendo assim, as reações que expresso são reflexo da batalha ou da paz interior que vivencio.

Quando alguém me faz mal, é porque também está mal e não consegue agir de forma consciente naquele momento. Trata-se de como ela lida com o mundo, com várias outras pessoas, e não somente comigo. Não é pessoal, direcionado somente a mim. É ela com ela mesma, me tendo como espelho naquele momento.

Nessas horas, convido-me a refletir: "Essa atitude não se dá *especificamente* comigo. É a pessoa brigando com o mundo e eu sou a 'bola da vez'. Não levo isso para o lado pessoal. Ela não está bem e, por isso, age desta maneira."

Isso não quer dizer que eu vá me expor a ser agredida outras vezes. Eu posso colocar limites e, ao mesmo tempo, seguir na compaixão, pois a pessoa que me feriu não teve recursos para reagir de forma melhor.

Um resumo bastante preciso desta compreensão está no segundo compromisso do guerreiro espiritual, do livro do autor mexicano, Don Miguel Ruiz, chamado *Os quatro compromissos – O livro da filosofia tolteca*:

> *"Se você leva tudo para o lado pessoal é porque concorda com o que está sendo dito. Ao concordar, todo o veneno passa a fazer parte de você.*
>
> *O que causa seu próprio envenenamento é o que os toltecas chamam de importância pessoal, expressão máxima do egocentrismo. Nada do que os outros fazem é motivado por você, é por causa deles mesmos.*
>
> *Todas as pessoas vivem em seu próprio sonho, nevoeiro ou mente, inclusive você. Se você aceita o lixo emocional do outro, ele passa a ser seu também. Se você se ofender, sua reação será defender suas crenças e criar mais conflitos.*
>
> *Então, se você fica bravo comigo, sei que está lidando consigo mesmo. Sou somente uma desculpa para você se irritar e fingir que não tem medo.*
>
> *Na verdade, sua braveza é uma expressão do seu medo. Sem medo não existe motivo para se irritar, brigar ou me odiar. Sem medo, não há motivo para sentir ansiedade, ciúme ou inveja."*

3. O que meu magneto interno está atraindo?

Existem mesmo coincidências na repetição de histórias, uma após a outra?

Estudos comportamentais constatam que as pessoas buscam, inconscientemente, reviver situações parecidas para entender melhor as circunstâncias da dor que experimentaram em algum momento passado.

Superficialmente, ninguém quer ser abusado emocionalmente de novo, de forma deliberada. No entanto, inconscientemente, sente-se atraído por pessoas com determinadas características que culminam nessa situação de abuso – a mesma que sua alma tem a necessidade de revisitar para integrar.

De alguma maneira, ao entrar em contato com essa dor, a pessoa procura compreender porque isso acontece, quer fazer justiça, ou quer ter nova oportunidade de agir e sair vencedor. Ainda que profundamente desgastante, é um processo importante de ser vivido.

Quanto antes chegar a compreensão desse mecanismo inconsciente, mais cedo ocorre a integração do comportamento repetitivo e de toda dor que vem com ele.

Dentro de suas possibilidades conscientes, adultos podem escolher em que situações querem permanecer e definir limites para os demais. Quando um não quer, dois não fazem. Para alguém ser ferido numa relação, é necessário estar disposto a seguir nela e a receber o que a outra pessoa tem para oferecer.

E como ninguém dá o que não tem e uma pessoa insiste em me ferir, eu só continuo a sofrer quando decio permanecer naquela dinâmica e, assim, dar oportunidade para que os ferimentos continuem a ocorrer.

É sempre uma escolha. E com ela vem o peso dos seus aprendizados e consequências. Quanto mais me aproprio desta responsabilidade pessoal, mais poder e autoria tenho de minha própria vida, fortalecendo-me com as experiências vividas.

4. Somos um

A minha visão espiritual da Vida tem me levado a experimentar, cada vez mais, a percepção de que compomos uma Unidade, embora mantenhamos a individualidade. A ilusão de que estou separada embaça a visão dessa verdade.

Nesse sentido, é fato: *"Ir a favor da evolução das pessoas ou situações é ir a favor de ti mesmo"*. Assim como *"Ir contra a evolução das pessoas ou situações é ir contra ti mesmo"*. Com um olhar mais atento, podemos ver que a natureza e a sociedade mostram essa realidade de forma nua e crua. Basta querer ver.

Ser empático é saber se colocar no lugar do outro, compreender o que ele sente, o que o leva a agir e reagir de tal forma, a entender que ninguém dá o que não tem (ainda) e não levar as ofensas tanto para o lado pessoal. Aprender com essas interações e seguir adiante.

Isso não quer dizer que estou à mercê dos outros, ou que devo concordar com todas as suas ações.

O olhar empático soma-se ao direito que tenho de definir limites claros, que precisam ser respeitados. Posso me defender, posso recorrer à Justiça, posso estabelecer até onde o outro deve ou não ir.

Limite é algo muito saudável e precisa sempre ser comunicado. No entanto, essas definições não me impedem de ter um olhar mais amplo para a dor e para o tempo evolutivo do outro.

Ao perdoar e compreender alguém, isso se reflete em toda a Unidade. Gentileza gera gentileza, perdão gera perdão e assim por diante. Nessa união, faço bem a mim mesma e aos demais, em todas as circunstâncias.

5. A gratidão é a forma mais bonita de perdão

Quando olho para trás, e vejo o quanto aprendo com tudo que vivo, consigo transcender para além das dores e ressentimentos, uso as quatro chaves anteriores, e compreendo a contribuição imensa que tive daqueles que agiram na inconsciência, proporcionando-me ricas oportunidades de aprendizado.

Então, me sinto pacificada num novo lugar interior: um espaço onde tudo é mais leve, posto que compreende e integra as adversidades como algo fundamental para minha formação.

Ao sentir gratidão por tudo que vivo, considero cada experiência como um agente de mudança-movimento-caminhada-aprendizado. Compreendo que a gratidão é a forma mais bonita de perdão!

Sobre o maior sucesso que alguém pode fazer

A cada momento, apresenta-se a situação mais favorável para evoluir. A Vida age com plena sabedoria, é perfeita e está em ordem – a ordem do Absoluto, que a tudo rege com infinito Amor e Misericórdia. Por mais que no entorno haja dor, destruição e desamor, é importante compreender que são estágios de evolução da humanidade. Leva tempo para tornar-se humano, que dirá tornar-se algo "à imagem e semelhança do Criador".

Assim sendo, o caminho do florescimento interno parece ser a grande saga a viver: a mais desafiadora Olimpíada, a mais concorrida Copa do Mundo, o emprego mais cobiçado, o pico mais alto a escalar, a maratona mais longa a correr. É o nascer do Sol mais belo, o parto mais emocionante, a cirurgia mais delicada, a superação mais aguardada. É transmutar o doloroso sofrer no mais significativo prazer de ser.

Nessa caminhada, há uma nuvem de testemunhas a observar cada passo: aqueles de quem me cerco nesta Vida; os meus antepassados por meio das cargas genéticas que são realidade em mim; as companhias espirituais com quem convivo por lei de atração e sintonia; e, também, uma legião de seres no mundo espiritual que vibram por todo avanço alcançado.

Focar nesse progresso é ter a chance de "ficar famoso" no mundo material imediato que me cerca, e também no mundo espiritual que consiste, nada modestamente, do Universo inteiro! Inúmeras almas vibram com essa façanha – o legado que segue adiante conosco, eternidade afora: a conquista da liberdade e da automestria!

Para alcançá-la, é necessária a conexão com o coração e, principalmente, com a verdade interior. Onde mora meu sentimento, lá estou. A cada conscientização realizada, as fronteiras se ampliam. A percepção se expande e expressa-se, também, no mundo material, num reflexo do mundo interior. Não de forma matematicamente calculada em notas de dinheiro, visualizações no Youtube, ou em carros na garagem. E sim, no Amor vivido, sentido, transmitido e recebido, também, por meio da matéria.

Aliás, a matéria, assim como o dinheiro, é uma força neutra que coopera conosco, em busca da expressão da prosperidade interior. Esse elemento é tão somente um meio, e não um fim em si mesmo. Preciso saber quem dá as ordens: a matéria, o dinheiro, o poder, o desejo de sucesso mandam em mim, ou sou eu quem manda neles? São eles o objetivo final ou consequência das atitudes e escolhas vividas?

Neste exato momento, a Vida expressa milimetricamente onde preciso concentrar a atenção: no âmbito familiar, profissional, financeiro, nas amizades, na saúde, nos relacionamentos amorosos e demais áreas. Onde mora a dor, é lá que devo perscrutar caminhos para entender, abraçar e acolher a escuridão interna. Iluminando-a com a claridade da consciência, investigando-a com perguntas certeiras, olhando-a com coragem e dialogando com Amor. Aí, alcanço o entendimento de que tais dificuldades existem por uma única razão: estimular a evolução!

Quando observo os fatos com esse olhar, conquisto o sucesso mais cobiçado de todos os tempos: vivo minha verdade, liberdade e criatividade no dia a dia. Seja no singelo recanto de um lar, onde uma mãe se fortalece nas superações internas e de sua família; seja na prosperidade de uma empresa; seja na criação de produtos; seja no estudo de uma ciência, seja na maca de um doente que lida amorosamente com sua travessia do momento.

Cada um, vivendo com inteireza, alegria e consciência o lugar que lhe compete, cumpre etapa significativa da grande saga evolutiva. A cada passo firme que é dado, novos horizontes se abrem. Ao responder uma pergunta, a Vida lança novas outras. E, assim, alcanço o êxito de cada etapa da estrada universal de Amor, verdade e liberdade. Vivo o maior de todos os sucessos: co-criar o Universo junto a Deus!

Sobre salvadores da pátria

Desde que me entendo por gente, busco por aprovação. Em geral, o ser humano quer ser amado, validado, valorizado. Precisa ser visto, e que este olhar, de preferência, venha acompanhado de um belo sorriso de consideração.

As primeiras explorações do comportamento de "salvadora da pátria" em mim datam de muito cedo: antes dos meus 10 anos. Quando no recreio uma criança desconhecida se machucava, eu fazia questão de correr para auxiliá-la, carregá-la no colo para a enfermaria, ainda que tivesse o dobro do meu tamanho. Ao lembrar da cena, quase ouço a música de um filme de aventura ou heroísmo ao fundo.

Vejo a busca romântica que, de fundo, movia meu ser fortemente em direção a essas imagens de um drama-autovalidativo. Tudo bem: essas experimentações e ensaios de comportamentos diversos fazem parte da formação da personalidade. Hoje, posso olhar para essas travessias sentindo carinho e doçura por mim mesma.

O que está por trás da salvadora da pátria?

Ao longo da Vida, uma série de esforços foram (e ainda vão) se movendo nesse mesmo sentido: auxiliar o outro, dar um pitaco em suas Vidas, uma opinião, contar uma história de superação ou escrever textos reflexivos sobre os *insights* que consigo perscrutar dentro de mim (rsrs). Tudo pano de fundo da mesma motivação: encontrar meu valor.

Algumas questões chamam a atenção: quando quero salvar o outro, estou me distraindo da real salvação que tanto quero viver? O contato com o meu próprio conflito é tão doloroso que me distraio dele nesse afã de mudar o mundo, o outro e a história?

Não se trata de condenar todo e qualquer ato de auxílio, claro. Livre de generalizações, é importante refletir sobre os aspectos-sombra dessa atitude.

São Vicente de Paulo, cuja Vida foi profundamente marcada pelo Amor ao próximo, certa vez, confidenciou a um amigo um segredo de sua longa experiência de Vida: "Quando quiserem ajudá-lo, tome cuidado!", aconselhava o sábio sacerdote.

E o que fazer com essa busca infantil da salvadora da pátria em mim? Que dor e fragilidade profunda essa atitude protege?

Em primeiríssimo lugar, lanço mão do autoacolhimento e falo comigo mesma: "*Tudo bem agir assim, tudo bem passar por esse lugar, tudo bem viver esses impulsos, tudo bem exercitar quem eu sou no outro. Isso é Vida, também! É mais um passo para me reconhecer em minha própria caminhada*".

E só então, com a criança ferida mais calma, posso dar um "zoom out" e olhar para esse comportamento e refletir sobre seus principais efeitos colaterais. Listo alguns que consegui perceber em mim mesma:

INVASÃO, INTERFERÊNCIA:

Ok, uma palavra amiga, muitas vezes, vai bem! No entanto, quando falo por falar, interfiro por interferir, retiro do outro a oportunidade de encontrar sua própria saída. Muitas vezes, a insegurança move este comportamento quando busco sentir-me superior ao outro. Aquela que dá conselhos, a que sabe mais, em última instância. Quem se mostra aí? A criança ferida, insegura e com baixa autoestima. O que fazer? Numa boa pausa, promovo diálogos internos com a fofa. Eu a coloco no colo e a acolho, lembrando-a do seu valor real, da sua luz, e de que a melhor forma de auxiliar reside – quase sempre – no ocupar-me de reformar a mim mesma e ser a mudança e o amor que quero ver no mundo.

FORA DO MEU CENTRO DE PODER:

Nesse movimento de ajudar, voltado para fora, realizado de forma ansiosa e desordenada, saio do meu centro e, basicamente, deixo de viver minha própria Vida, potenciais, sonhos, realizações. Fico focada em viver lá fora (e nos outros) o que não consigo realizar dentro. E isso é muito penoso, pois começo a me espalhar, a participar de tantas frentes e envolvimentos diferentes, que me perco de mim mesma. Quando estou centrada, me amando, sinto-me preenchida e este autoAmor transborda naturalmente, de forma perene e consistente. Vale perguntar: afinal, o que me motiva? Ser vista, sentir-me importante nas ações, ou vivenciar esse Amor real?

EXIGÊNCIA DESPROPORCIONAL DO OUTRO:

Em geral, a "salvadora da pátria" em mim é muito sabida, e ama passar receitas prontas. Ela quer mais: gosta de resultados concretos! Segue, acompanha e busca reforços externos de que algo mudou no outro, aquele a quem "auxilio". Exige transformações que, obviamente, não acontecem de fora para dentro. O caminhar é de cada um, no seu tempo e modo específicos. Quando me arrogo de impor ao outro meu tempo e modo, vou falhar

– ainda bem – na tentativa vã de aniquilar justamente a parte mais bela do jardim: as diferentes formas de cada um florescer, em cores e matizes únicos.

A alegria de focar em mim mesma

Com esses processos trazidos à luz da consciência, livre de culpas, e altamente motivada a me tornar mais livre e presente em minhas ações, posso focar em ser eu mesma. Oportunidades de ser útil se apresentarão, uma após a outra, quando estou alinhada comigo mesma e com o Amor Maior. Ocupo o meu lugar e me contento em fazer aquilo que me cabe.

Dizem que Deus auxilia o homem pelo homem, e quanto mais silenciosa e atenta estiver, melhor instrumento serei para os irmãos de caminhada. Desta vez, auxiliando-os lado a lado, sendo auxiliada em retorno, na mesma altura, de forma leve e alegre. Sem necessidades de reconhecimento, ou mensagens de agradecimento. Sendo Amor quando a oportunidade de amar surgir.

Focada em meu próprio ser, me conecto com meus potenciais, dons e missão individuais. Escrevo o livro de minha Vida com liberdade, criatividade, ineditismo – ainda que expresso em atos simples e despretensiosos do cotidiano, longe de heroísmos e manchetes de jornal.

Passo a brilhar nos atos simples da Vida, ao passar um café gostoso pra família, com todo o Amor e alegria; num abraço longo e quentinho no amigo que precisa; numa poesia lida com carinho, na hora certa; num penteado bem feito no cabelo da filha que se prepara para ir à escola. Em um não ben-dito; ou num sim con-sentido! Em qualquer serviço executado com presença e alegria.

Ao ser eu mesma, me torno, na prática, o Amor em Movimento que a salvadora da pátria, por vezes, esquece que é.

Sobre dizer "sim" à vida

"A paz, a mais elevada das virtudes.
Fez um aceno pra mim.
Pra trás, deixo um passado de truques.
Nem quero saber do fim.
Só sei que devo abdicar de toda a pressa.
É o mesmo que penar com faca cega.
Quando se quer cortar o mal pela raiz.
Fugaz, a frustração faz a sua oferta.
A cor do desejo é o carmim.
Não mais vou me pendurar em vãs promessas.
A VIDA RECLAMA O SIM.
É lei: quando acende-se a luz no topo.
E a parte se religa enfim... enfim ao Todo.
Pode se afirmar o ser feliz!"

A música de autoria de Chandra Lacombe me encanta desde a primeira vez que a ouvi. Levei um bom tempo para compreender o significado do SIM que a Vida reclama – ou seja, demanda de cada um.

Quando a compreensão começou a se manifestar em mim, pude sentir que a paz de espírito vem do reconhecimento da grandeza do ritmo da Vida. E de descansar no fato de que existem forças muito mais poderosas em atuação. Permanecer na certeza de que tudo, absolutamente tudo, conspira para o bem.

Sim, a Vida é per-fei-ta! Ainda que se mostre por acontecimentos dolorosos, limitações assustadoras, mudanças desconcertantes de planos. Lá na frente, chega a compreensão de que tudo que aconteceu foi para um bem mais amplo e livre.

Para mim, esse *passado de truques* a que a música se refere, relaciona-se às tentativas vãs de driblar o poder da Vida, que rege essas forças e seus ritmos. São promessas, técnicas de "fastfood espiritual" que tentam suprimir a forma como realmente me sinto e chegar logo na parte do bem estar. Embora elas tenham o seu lugar e função, esses truques calam os gritos da criança espiritual, negam as potências escondidas na sombra. Não por muito tempo... ainda bem.

Não adianta forçar o ritmo da Vida, à base de uma suposta evolução apressada e improvisada: '*é o mesmo que penar com faca cega, quando se quer cortar o mal pela raiz*'. A Vida é para ser vivida, sentida, degustada com verdade e sinceridade. Expressar as manifestações de Luz, e integrar também as de Sombra – tão importantes e construtivas quanto.

Quando digo "sim" ao momento presente, às condições que a Vida me recebeu, à família em que nasci, aos pais que tive, aos dons que manifesto, às pessoas com quem me relaciono, uma grande sensação de descanso, paz e alívio encontra morada no meu ser.

Esse SIM me convida a fluir no ritmo dos acontecimentos e fazer o melhor possível, sem pretensões de grandes feitos ou peripécias missionárias.

É ali, no dia a dia trivial, nas ações mais simples, mais despretensiosas e cotidianas que eu vivencio o "Sim" com mais presença e alegria.

À Vida exatamente como ela é, eu digo sim e agradeço. Com calma, paciência e confiança na estrada!

Sobre amor e liberdade

Entrego ao mundo o que tenho. Transbordo para fora, o conteúdo que está em mim: Amor ou agressão; entrega ou cobrança; fé ou incerteza; boa vontade ou indisponibilidade; rejeição ou acolhimento; carinho ou impaciência.

Afinal, estou aqui para quê? Saber reconhecer o quanto sou infinitamente amada? Aprender a amar?

Quando alguém ama, simplesmente ama. E sabe que ama porque escolhe amar. O Amor é livre, não se condiciona a nada nem a ninguém. O Amor não é algo que se pede, ele se dá. As portas do coração se abrem pelo lado de dentro, não tem como forçar a entrada pelo lado de fora...

Uma frase do guia espiritual de Chico Xavier, Emmanuel, ensina: *"Quanto às ofensas, esquece-as, incondicionalmente, na certeza de que as agressões pertencem somente aos agressores"*. Quando sou agressiva, transbordo o que tenho dentro. A agressão só entra em mim quando me abro para ela. Nada além disso: não há milagres nem surpresas nessa equação. Assim também acontece com o Amor: quando O tenho, transbordo-O naturalmente.

Em nós, o Amor se move em duas posições claras e que operam ao mesmo tempo: somos "receptores" e "emissores" do Mesmo, de forma condicional. Deus ama, Deus é O emissor constante de Amor a tudo e a todos, incondicionalmente. Segundo Suas leis, o Sol brilha sobre justos e injustos, a chuva chove sobre mansos e coléricos, a Lua clareia caminhos de generosos e avarentos. O Amor de Deus é assim: constante e incondicional. Vivo no seu mar de bênçãos, onde estou mergulhada. Embora, distraída que sou, insisto em sentir sede por me recusar a abrir a boca e beber de Sua água pura.

Na recusa de perceber esta doce realidade, abrir o coração e deixá-lo ser tocado pela misericórdia divina, é comum projetar demandas e expectativas naqueles que vivem ao redor. E, como um pequeno – ou grande – ditador, exigir ser amado segundo a própria régua, 'ticando' os itens da lista de demandas. Vem a frustração, dia após dia, com quereres diferentes e com o fato do outro não adivinhar os desejos. Nesse lugar infantil, a Vida segue assim: de sonho perdido em sonho perdido, de expectativa frustrada em expectativa frustrada.

Até que um dia, vem o cansaço. Desisto de estar à mercê da reação, e tomo a rédea responsável e poderosa da ação. Percebo, finalmente, que, em matéria de Amor, eu posso amar. E o Amor é uma força que, por Si só, Se recompensa e Se basta. Quando amo, percebo-me tão amada que transbordo. Escuto o convite que a Vida me propõe, a cada oportunidade que se apresenta: "ama, e pára de esperar ser amada! Perceba: você já é infinitamente amada, a cada minuto... só não percebe, e nem vê!". Assim, desisto de esperar o improvável no Amor que exijo dos outros – irmãos também no desafiador aprendizado de amar...

Nesse momento, a suposta justiça entre o que se dá e se recebe faz-se desnecessária. Porque o Amor, nesse lugar, é livre. Não compara. Não mede. Não faz banco de horas. Não calcula se o outro fez a gentileza que esperava, se permaneceu na relação pelo tempo que gostaria, se foi o companheiro que queria, se evoluiu no ritmo e na forma que considerava correto, se fez a massagem no pé que tanto sonhava, se lembrou a data de aniversário, se pagou a conta no vencimento indicado, se devolveu o dinheiro emprestado.

Nesse admirável mundo novo, largo o cabo-de-força do paradoxo vazio-expectativa-sonho-projeção-frustração, e amo. Desperto para o fato de que o Amor Se paga em Si mesmo. Simples assim.

* * *

Nesse planalto, tudo *parece* que será solidão, porque significa desistir de esperar algo do outro... até que... olho em volta, e vejo quantos precederam nessa libertadora jornada... milênios, séculos, décadas antes: reconheceram-se infinitamente amados, caminharam na decisão de serem livres e amar sem exigir. Plenamente satisfeitos, pacificados, irmanados e gratos por serem emissores do Amor Maior, que jorra livre e em profusão, aceitando a alegria de espelharem Sua divina e santa imagem.

Nesse lugar, está o porto seguro, um dia alcançado, sublimado e expressado precisamente por Paulo de Tarso, em ricas palavras, na sua inigualável Carta aos Coríntios 13, versículos 1 a 13:

> *"Ainda que eu falasse as línguas dos homens e dos anjos, e não tivesse Amor, seria como o metal que soa ou como o címbalo que retine. E ainda que tivesse o dom de profecia, e conhecesse todos os mistérios e toda a ciência, e ainda que tivesse toda fé, de maneira tal que transportasse os montes, e não tivesse Amor, nada seria. E ainda que distribuísse todos os meus bens para sustento dos pobres, e ainda que entregasse o meu corpo para ser queimado, e não tivesse Amor, nada disso me aproveitaria.*

O Amor é sofredor, é benigno; o Amor não é invejoso; o Amor não se vangloria, não se ensoberbece, não se porta inconvenientemente, não busca os seus próprios interesses, não se irrita, não suspeita mal; não se regozija com a injustiça, se regozija com a verdade; tudo sofre, tudo crê, tudo espera, tudo suporta.

O Amor jamais acaba; havendo profecias, serão aniquiladas; havendo línguas, cessarão; havendo ciência, desaparecerá; porque, em parte conhecemos, e em parte profetizamos; quando vier o que é perfeito, então o que é em parte será aniquilado.

Quando eu era menino, pensava como menino; logo que cheguei a ser homem, acabei com os modos de menino. Porque agora vemos como por espelho, em enigma, então veremos face a face; agora conheço em parte, então conhecerei plenamente, como também sou plenamente conhecido. Agora, pois, permanecem a fé, a esperança, o Amor, estes três; sendo o maior destes, o Amor."

Sobre crítica e amor em movimento

"O ser consciente deve trabalhar-se sempre, partindo de sua realidade psicológica, aceitando-se e aprimorando-se sem cessar. Consegue essa lucidez quem se auto-analisa disposto a ver-se sem máscara. Por isso, não se julga nem se justifica, não se acusa nem se culpa. Apenas descobre-se."

E segue adiante...

A frase brilhante de Joanna de Angelis pela psicografia de Divaldo Franco, mostra de forma objetiva que o caminho do "conheça-te a ti mesmo" – principal instrumento de alcance da paz interior – pode, também, ser empregado de forma leve e amorosa. Não é preciso evoluir aos tropeços e dores necessariamente.

A essência do Grande Pedagogo me convida a amar

Um dos aspectos que mais causa sofrimento é a autocrítica desequilibrada, geradora de sofrimento e culpa. A culpa, por sua vez, dificulta o aprendizado pois se alimenta do apego ao drama da falha. Ela torna-se álibi para me distrair da tarefa principal: assumir responsabilidade pela experiência vivida, aprender e seguir em frente!

Para compreender bem esse mecanismo, é fundamental diferenciar autocrítica de autoanálise:

A autoanálise é bem vinda, pois ao me auto-observar, abro os olhos para as atitudes descuidadas e irrefletidas de que ainda lanço mão. Quando tenho consciência do que faço, saio da negação das minhas limitações temporárias. Eu as assumo e crio estratégias para agir, aos poucos, de maneira renovada.

Quando me sinto muito crítica com relação a mim mesma ou às pessoas, percebo que não estou me sentindo amada. Por outro lado, quando me sinto ligada à Fonte de Amor, quando sou mais suave comigo mesma, quando aceito o ritmo da minha evolução, entro no respeito integral por mim mesma. Sinto-me cuidada pela Vida e por Deus.

Nesse lugar interior, o Amor me preenche e me sustenta e, assim, pode transbordar. Passo a ver tudo e todos em processo, pois me preencho da essência do Grande Pedagogo, e comungo de Sua Verdade e Misericórdia.

Sinto que Deus é Amor. Ele olha para seus filhos e conhece o tempo e o processo de cada um. E quando meu tempo e processo são respeitados, passo a ter esse olhar compassivo com os demais também.

O erro é o caminho mais próximo do acerto

Quando abraço e acolho cada passo que dou, me sinto aceita, compreendida e empolgada a criar realidades mais amorosas e livres. Diante de um "aparente erro", vou além dos rótulos e receios das expectativas sociais não-correspondidas, e ouço o que aquela atitude fala sobre meu momento interno.

Por exemplo, um ataque de ciúmes público. Quando isso acontece, me sinto exposta e fraca porque, momentaneamente, cai a máscara de proteção, controle e poder que, a tanto custo, sustento. Posso escolher ficar estagnada no arrependimento moral, na vergonha manifesta; ou olhar para dentro e ver a preciosidade desse episódio como um grito interno da consciência que já está pronta para lidar com a insegurança. A dor clama por um olhar mais atento, por um acolhimento mais intenso, por um colo mais demorado.

É aí, neste exato momento, que surge a chance de superar o ciclo da autocrítica e percorrer o caminho da autoanálise e do autoconhecimento, que bebe das fontes da compreensão, da lucidez e do auto-Amor para preencher os vazios existenciais. Assim, gostosamente e com carinho, trazer movimento e fluidez para o processo.

Ou posso continuar presa ao constrangimento, ao vexame, à raiva – elementos, estes, sintomáticos do esforço egóico por calar a fragilidade que tanto precisa ser vista e integrada com Amor e gratidão. É uma defesa antiga e infantil, que aguarda a chance de amadurecer com a força e o foco desta decisão de me olhar com amor e calma.

O mal precisa ser integrado, e não extirpado

Quando o espírito André Luiz, pela psicografia de Chico Xavier, diz que *"o mal não merece comentários"*, ele se refere a essa dinâmica energética. Isso é ensinado com maestria também por Joanna de Angelis, com o exemplo do grão de areia que invade a ostra: *"Ao invés de expulsá-lo, ela o envolve, transforma-o em pérola reluzente. De igual maneira, transforma o aparente mal em significativo bem. Não será fácil evitar-se a convulsão social, enquanto não se corrigirem as de natureza moral. Começa, de tua parte, o programa de transformação da humanidade, em ti mesmo, sem permitir que a tua seja a contribuição perturbadora, aquela que impede o progresso geral.*"

A pedagogia Waldorf também se move sobre a mesma conclusão ao afirmar que "*o mal não se combate, reforça-se o bem*".

Ao me deparar com uma falha minha ou do outro, posso entrar num estado de observação generosa, com doçura, leveza e respeito pelo processo em andamento. Lanço mão da análise neutra, que não se apega, não pune, também não se vitimiza nem se justifica.

Mergulho no maravilhoso processo de conhecer a mim mesma com Amor, autorresponsabilidade, foco, ritmo, calma, aceitação e movimento. Assim, continuo a fluir e a integrar todos os aspectos duais do ser, percebendo que tudo, absolutamente tudo, conspira para o aprendizado e para o bem maior.

O filho aprende a amar, e não necessariamente expiar

Nesse lugar, não se trata mais de expiar nem ser provado. Trata-se simplesmente de me reconhecer profundamente amada, e permitir-me preencher e transbordar este Amor. Ele, o Amor, deseja amar e manifestar-se por meio de minha humanidade, nos pequenos atos da Vida. Alinhada com este fluxo, passo a refletir mais fielmente as luzes de Sua fonte infinita. Caminho com minhas próprias pernas, sustentada pela constância e segurança de Suas leis divinas e naturais.

No texto Pensar, também do espírito André Luiz, confirma-se esta ideia claramente:

> *"Deus é Amor e não pune criatura alguma. A própria criatura é que se culpa e se corrige, ante os falsos conceitos que alimente com relação a Deus. Em nosso íntimo, a liberdade de escolher é absoluta; depois da criação mental que nos pertence, é que nos reconhecemos naturalmente sujeitos a ela. O Bem Eterno é a Lei Suprema".*

O convite da Vida é ir além da consciência-tribunal que julga, condena e paralisa. Ela convoca a seguir para a consciência-altar, que se embevece com a alegria de ser aprendiz e fluir no movimento de ampliar as compreensões.

Quando vejo Amor em tudo e em todos, dentro e fora, mesmo em expressões adversas, entro num estado de alegrias e louvores a toda e qualquer manifestação. Entrego-me à certeza de que me reconhecer mergulhada no Bem Eterno é uma questão de compreensão e de tempo.

Deslocamento do centro de poder

Corações em polvorosa. Medo do porvir. Estranhamento do que se passa nos corações dos povos de diversas nações: polarizações nos processos políticos do Brasil, Argentina, Espanha e Estados Unidos são alguns exemplos a mostrar o quanto estamos afastados uns dos outros. Cegados temporariamente por essa ilusão, é preciso admitir: polarizar é o mesmo que separar.

Quando olho pra dentro, na busca de perceber as raízes desse movimento em mim, vejo que é resultado de um processo muito profundo: trata do deslocamento do meu centro de poder. Coloco minha força de ação nas mãos de muitos – seja para culpá-los, seja para projetar neles a sonhada salvação.

Como esse mecanismo funciona?

Culpa versus Milagres

O estágio atual de amadurecimento da humanidade ainda é calcado num hábito muito estranho: o foco fica praticamente todo no lado de fora. Tanto a luz quanto a sombra interior são persistentemente projetadas em elementos externos.

O país está quebrado? Culpa do político. O casamento está mal? Culpa do marido. O ambiente profissional é pesado? Culpa dos colegas e do chefe. Não consigo encontrar emprego? Culpa dos imigrantes, constrói um muro!

Do outro lado, a sonhada salvação também é idealizada. Quando eu conseguir aquele emprego, serei feliz! Se eu fosse casado com aquela mulher, estaria satisfeito! Na hora em que eu me aposentar, vou finalmente relaxar. Quando evoluir espiritualmente, estarei livre das dores. Se eu ler todos os livros que preciso, ficarei bem resolvida com a Vida.

O paralisante medo da crítica e da culpa

Essa forma de pensar, absolutista e infantil, me prende no terreno da impotência: ter ou não comando de como me sinto depende de alguém ou alguma circunstância externa. Isso acontece porque tenho um tremendo medo de me sentir reprovada e, consequentemente, não amada. A autocrítica e a culpa são tão pesadas e insustentáveis para o ser, que é preferível fugir da responsabilidade pelas ações, a todo e qualquer custo.

Recuperar o centro de forças, o poder pessoal, tem absolutamente TUDO a ver com assumir TODA responsabilidade por qualquer escolha ou experiência vivida. Uma simples alteração na forma de olhar os sucessos e insucessos pode fazer essa relação ficar muito mais leve e fluida. Como?

Retomada de poder

Leveza e bom humor é um bom começo. Diante de uma queda, de um sentimento que tenho e o julgo como pior ou pequeno, posso entrar em contato com minha humanidade e abraçar com total entrega a alegria de estar em pleno processo de aprendizado. Amadureço a cada dia, e dou um passinho de cada vez. Um exemplo:

"Puxa, acredita que senti ciúmes de você? Nossa, me senti tão ameaçada por aquela loira escultural, que fiquei sem chão. Sei que é uma questão de insegurança minha, sinto muito por projetar isso em você, implicando que estaria sendo desonesto comigo. A responsabilidade é minha". Concordo: não é fácil chegar aí, numa afirmação desse nível. Bem o sei.

Essa frase nem precisa ser dita pro companheiro. Fundamentalmente, ela precisa ser dita para mim mesma, pois preciso começar a exercitar esse diálogo interno de autorresponsabilização. Porque, quando paro de culpar o mundo externo por tudo, dou o primeiro passo em direção a retomar meu poder de agir, de criar, de viver meu real propósito de Vida.

Será?

Será que um muro resolve minha dificuldade de ter um emprego e uma Vida produtiva? Um plebiscito pode dizer o quanto me sinto separada dos meus vizinhos ingleses? Será que um acordo de paz reprovado pelos políticos me impede de silenciar na discussão do almoço de família? Será que não ir àquela peregrinação espiritual me impede de escalar o Himalaia-da-paz dentro de quatro paredes?

O que é a coletividade senão o somatório de todas as individualidades? Quando estas são bem vividas, em plenitude de autorresponsabilidade, com o centro de poder retomado, criatividade operante, conexão fluida, que tipo de paz real posso alcançar? Os reflexos externos falam muito mais de um processo interno que corre, subsolo abaixo, dentro de mim. Preciso estar atenta a isso!

Amor se dá, não se exige

Hipoteticamente falando, ainda no exemplo anterior: mesmo que o parceiro reencontre a loira escultural e efetivamente cometa uma infidelidade, como não culpá-lo? Nesse caminho de me potencializar, aos poucos, amadureço e compreendo que não posso exigir nem interferir nos processos do outro.

Cada um dá o que tem – ainda – sendo que esse potencial de "ter algo a dar" está em construção e é ampliado dia a dia. Não é uma sentença do tipo: *"esse não presta mesmo, não tem nada pra dar!"*

À revelia dos descrentes, a Vida não se presta a dar passos para trás. Pode até estacionar um tantinho... Retroceder? Não mesmo. O ser humano está fadado a amadurecer – seja pela espora dos freios da dor, ou pela meiguice da compreensão alcançada.

Nesse lugar mais maduro, consciente e autorresponsável, compreendo que Amor é algo que se dá; não se pede e, muito menos, se exige. Esta compreensão me potencializa infinitamente porque, por mais paradoxal que pareça, o único Amor que verdadeiramente tenho é aquele que dou! O amor que recebo, por outro lado, foi sentido e ofertado por alguém que escolheu entregá-lo para mim.

Irônico? Talvez... Eis o paradigma da abundância da Vida, me convidando a amar incondicionalmente! E, quem sabe, no conforto deste lugar, eu possa compreender o quanto sou infinitamente amada pelo Universo, pela Vida, por Deus, pelo Grande Mistério – seja qual for a forma que desejo denominar.

A metáfora do rio

Talvez por isso tantos mestres comparem a jornada espiritual a um rio: broto numa nascente; fluo por pequenos braços d'água; por vezes fico presa em igarapés de água um tanto parada, até que vem uma cheia e torno a fluir. Viajo por quedas d'água, atravesso períodos de estiagem, e finalmente encontro um braço volumoso de rio. Já não me percebo mais como gota, nem fio d'água... sem me dar conta, viro o próprio rio. E, por fim, desaguo no oceano sem, no entanto, ser o Oceano em Si Mesmo. O comporei e somarei em sua grandeza de ser Amor.

No experimentar diário, nesta abençoada Terra Escola, tenho inúmeras, múltiplas situações diárias me convidando a tomar uma posição: vítima-com-centro-de-poder-deslocado-pra-fora ou protagonista-responsável-em-processo-de-aprendizado. A escolha é minha, momento a momento.

Na chamada da Escola da Mãe-Vida, escolho dizer: "Sim, presente"!

Graças Pai-Amor, por sua riqueza em mim, infinita!

A parábola do espelho

Era uma vez um espelho um pouco enferrujado, amarelado pelo tempo, com muitas ondulações em sua superfície. Ele vivia triste, pois sentia-se inadequado para refletir as belezas da Vida, devido à sua estrutura bastante irregular.

Embevecia-se com a Natureza e pedia a Deus que o auxiliasse a ser um novo espelho: com uma textura lisa, bela e eficiente para refletir as coisas do mundo.

Viveu muito tempo nesse jogo de auto-acusação: sofria e sentia culpa por não ser tudo o que desejava. Foram muitas e muitas mudanças de casa. A cada novo lugar, sentia-se cada vez mais impotente para cumprir sua função primordial.

Num belo dia, jogado no canto de um quarto abandonado, percebeu-se refletindo, à sua maneira, um lindo pássaro que pousara no batente da janela empoeirada. Sentiu uma alegria tão imensa, uma gratidão tão bonita, que naquele instante reconectou-se com seu propósito interno. "Ainda que tortinho, posso refletir as belezas da Vida!", concluiu.

Daquele dia em diante, passou a alegrar-se com qualquer imagem linda que passava por seu caminho. Parou de focar naquilo que não estava pronto como desejava, e pôs-se a servir, como podia.

Conforme o Espelho fortalecia-se no propósito de fazer seu melhor e agradecer, nem notava que suas ondulações iam amainando-se com o tempo. As arestas foram sendo aparadas, e os reflexos tornaram-se cada vez mais claros e definidos.

Na alegria de servir, uma paz e uma certeza sem igual transbordavam incessantemente de seu coração. Sem mais reparar tanto em suas formas, seguia fluindo no Amor em Movimento, focado em sua missão: permitir-se ser a simplicidade que fez de seu espelho, a alma onde reflete, até hoje, a 'Vossa Santa Imagem'.

Somos nós, os espelhos

A última frase desta parábola termina com a menção final da *Prece de Cáritas*, e ensina que não há um Deus cruel, punitivo. Longe disso, e bem perto de mim, Deus atua dentro do meu coração, em cada escolha que decido e me permito fazer. Ele se manifesta como um registro de tudo que vivi em minha caminhada.

O Amor me abarca com a força de Suas Leis, sustentadas por Deus, que Se comunica conosco pela consciência. Dentro de meu ser, vibro minha realidade do momento por meio de um magneto interno – este Espelho do qual fala a história.

Por que repito padrões de sofrimento?

Cada vez que infrinjo a Lei de Amor, o Espelho dá uma "entortadinha". Então, no lugar de refletir o Amor de Deus com a pureza de um espelho perfeito, a luz bate nas irregularidades deste espelho empenado que, por sua vez, emana para a Vida um reflexo igualmente irregular.

A Vida – que é perfeita, não julga e nem condena – entende a mensagem e a devolve, novamente, em outro reflexo. Este vem expresso numa situação específica que oportuniza meu reajuste perante a Lei de Amor. Repito tais padrões de sofrimento até que a lição necessária seja devidamente interiorizada.

E assim, neste bailar de reflexos, a Vida manifesta tudo aquilo que vibro dentro. Ela aguarda que eu tenha a possibilidade de integrá-los por completo. O processo segue até que o espelho finalmente compreende a mensagem e reconecta-se com seu Propósito Maior.

De tribunal a altar da consciência

Às vezes, a culpa gerada por essas distorções internas é tão grande, que sinto necessidade de "viver expiações". Isso acontece porque ainda estou apegada, penalizada e respondendo por meus "crimes" perante o tribunal de minha própria consciência.

Esse estágio de tribunal tem funções importantes, que fazem parte do meu caminhar. Acontece que chega um tempo em que me encontro suficientemente cansada de resistir e sofrer. Me dou conta de que o carrasco por trás da tribuna sou eu mesma, procurando redenção perante minhas culpas.

A essa altura, também percebo que o Deus Carrasco nunca existiu, nem nunca exigiu expiações. Ele somente quer me ver refletir Seu Imenso Amor, fluindo em movimento por meio de mim.

É aí que a mais bela alquimia acontece: transcendo o tribunal e me coloco perante o Altar da Consciência! E, assim, passo a fazer da existência, o mais belo ato de alegria e louvor.

A justiça é atributo do tempo

A justiça é movimento interno a ser percorrido com a alma.
Ninguém faz justiça verdadeira com as próprias mãos.
Muito menos a aplica a outrem.
Não há sanação real que se cumpra à força, de fora para dentro.

A justiça é atributo do tempo, que se constrói diante do altar da própria consciência.

A cada um cabe se entregar às determinações que emanam de Deus em Si, a ciência em Si – que tudo sabe, vislumbra e compreende.

No serviço das horas, acesso, pouco a pouco, algumas dessas verdades.

Cada ser, a seu tempo, florescerá.

A mim, cabe confiar na centelha divina que me habita.

Ela clareia, a começar de dentro, as atitudes de reajuste a serem percorridas.

A força nada resolve. Antes, amplia as chagas do engano, em novos emaranhamentos de dor.

Observo a beleza de cada pessoa em ser, percorrer, aprender e brilhar.
Confio na Providência Divina, e encarrego-me do meu próprio processo.

Este, sim, me compete movimentar.

Fico em paz, e repouso na certeza de que a Vida, por meio do Tempo, tudo ensina, tudo cura, tudo ama, tudo abarca, tudo envolve.

Assim seja, agora e sempre!

Carta à professora culpa

Estimada professora,

Há quanto tempo convivemos?
Há quantas eras nos falamos, rotineiramente?
Do amanhecer ao anoitecer, amortecidas pela neblina das horas vividas em inconsciência?
Quanto lhe devo?
Dos açoites de incompreensão ao mel mais puro do entendimento?

Tu, que és instrumento para a voz da consciência ser ouvida, ainda que "tardiamente"...

Sim, mestra amiga, quantos aprendizados preciosos alcançamos em conjunto?
Apesar dos tempos vividos em dores lancinantes, frutos dos rasgos que abristes em meu ser, soubemos crescer juntas: eu e você.

Olho nos teus olhos, claros, límpidos, lúcidos.
Neles, eu vejo: em ti, também mora
o brilho do Amor!

O Amor que a todos aguarda, com as águas frescas do auto-esclarecimento.

Ele tão somente nos pede: “Calma, paciência!”
E arremata:
“O tempo da compreensão há de chegar!”

Cara mestra,
Sob tua espora, quantas vezes freei?
Por tua causa, quantas vezes contive a mão que,
incauta, se abandonaria, uma vez mais,
à violência?
Sob teu jugo, quantas vezes calei frente à
palavra que feriria, mais uma vez,
os corações alheios?
Sob teu peso, quantas vezes eduquei o
pensamento imaturo, imprevidente, entregue
ao fel do preconceito, do julgamento?

Ó professora amada, a ti dedico as mais doces
melodias do meu coração.
As flores mais formosas dos jardins de minh’alma.
O perfume mais suave de gratidão!

A quem precisar de tua disciplina amiga...
Peço que tu fiques somente pelo tempo
necessário do despertar.
Que tua ação dure os minutos suficientes para
o alcance das reconsiderações devidas.

Não se demore, querida...
Ou te tornarás a desculpa perfeita para a
infelicidade perdurar.

O eficiente disfarce para a vítima que se
esconde numa superioridade ofendida.
O álibi ideal para a ação responsável não se
manifestar.

Por mais que queira permanecer,
prezada tutora, lembremo-nos:
Não há sofrimento de consciência
que nos absolva!
Nem lamentos suficientes que justifiquem
a imobilidade ante o convite das atitudes
renovadas.

Isso posto, estimada mestra, que eu não te
esqueça a mão amiga.
Bendigo o teu braço forte que reconciliou-me
com o passado do meu sofrer.
A ti rendo graças, hoje e sempre.

Teu muito fiel e reconhecido aprendiz:
O Amor em Movimento...

A certeza da gratidão

Tão vasta quanto o horizonte, a gratidão se amplia conforme a consciência avança: para muito além de rasas negociações com Deus, nas quais sou ou faço algo para receber um retorno, a Vida obedece a leis naturais muito maiores e poderosas.

Ser grata é sentir-me confortável, com os pés aterrados na certeza de saber-me pertencendo e fluindo no Amor Maior. Assim, na simplicidade da Vida, sem qualquer necessidade de grandes feitos. Tão mais ciente de meu contexto, mais amplio meu ser em gratidão.

Como o peixe que confia na água em que está imerso, aos poucos me dou conta do oceano de bênçãos em que estou mergulhada: desde a obstinada energia que movimenta os átomos, à manifestação da matéria que consigo tocar: fluo pelos dias sentindo as expressões da ânsia da Vida por Si mesma, e celebro a certeza do momento presente: tudo é graça!

Os seres vivem na Ordem de Deus, que Se expressa misericordiosamente, a todo momento, por meio de Suas leis naturais de Amor.

"Nada me é devido. E tudo me é dado!"

Esta frase, acessada por uma grande amiga, Petra, expressa o fim maior deste texto: acessar a consciência do muito que recebo da Vida, que aguarda de mim esse reconhecimento para além de rápidos lampejos de gratidão. É possível viver com constância na vibração desta certeza.

Essa frase pode soar como um desafio ao entendimento, especialmente nos momentos mais turbulentos da Vida: quando sinto dor, quando erro, quando algo falta, quando alguém se vai, ou quando tenho medo.

No entanto, ao escolher acreditar na sabedoria da Vida e fluir no Amor, consigo ver claramente o encadeamento dos fatos que – invariavelmente – cooperam para o florescer da evolução.

Ainda que por meio da dor, basta um olhar mais atento para atestar que o remédio amargo era o que a alma necessitava para ampliar seu potencial. Tal qual a semente que rompe as carnes do revestimento epitelial, minha capacidade também se expande em tronco, galhos, folhas, flores e frutos quando me permito ir além dos limites de tudo que fui até hoje.

O amor toca de forma livre, e não idealizada

Muitas vezes, resisto a esse desenvolvimento por estar apegada a medos, inseguranças e caprichos. Ou entro em paralisia quando idealizo a maneira como a energia que lanço ao mundo "deve" corresponder e retornar a mim.

Nesse lugar de controle e exigência, creio que meu empenho deve ser devolvido num formato X, tal qual meu ego demanda. E quando isso não acontece, sinto-me desatendida, mal amada e presa no paradigma da escassez.

Porém, quando desisto de controlar e entender os processos, me entrego em humildade e confiança à Vida. Foco num contexto maior, para além de uma personalidade específica ou de uma correspondência definida. Constato que o Amor a tudo rege e me sinto infinitamente amparada por Ele, o tempo todo.

Na luz do Sol que me aquece; num sorriso que surge no rosto de um desconhecido; no olhar curioso de uma criança; na certeza do oxigênio que se converte em energia nos pulmões; na luz que acendo ao apertar um simples interruptor: quantos irmãos tiveram que cavar, construir e conectar quilômetros de fios para trazer esse conforto ao alcance dos meus dedos?

Centenas, milhares de gerações que atuam em Vidas sucessivas para eu chegar exatamente onde estou. Quem sou eu para duvidar do oceano de bênçãos em que nado de braçada, a cada novo amanhecer?

A demanda exigente de cada dia

Em certos momentos, me pergunto: como posso abrir mão de exigir que alguém mude? Que melhore? Que seja diferente? Que me ame como preciso? Que me complete como desejo?

Nessa exigência, crio desculpas para mim mesma dizendo: "eu já sirvo muito, e o equilíbrio exige que eu seja servida de volta". Como? De que forma específica? De que jeito idealizado? Por quem exatamente?

Cada um, a seu tempo, florescerá. Não porque alguém especificamente o demanda; antes, porque a Vida neste ser, assim, o convoca. Basta ter olhos de ver e deixar de aplicar a própria régua à evolução do outro. Observá-lo ser o que é e reconhecer com gratidão o muito que expressa.

É certo: quando olho com amplitude para a pessoa em questão, a Vida é maior, de vez que Ela sempre anda para a frente e não se demora com os dias passados!

Paro. Respiro. Reflito: *"Nada me é devido. E tudo me é dado"*. Recebo muito além do que oferto. Como corresponder um centésimo em retorno do que recebo do Universo a cada momento?

A Vida convoca que eu tome consciência e agradeça a certeza de fluir neste rio de bênçãos. Minha vocação mais bonita? Ser Amor em Movimento. Basta alcançar esta confiança, este reconhecimento: Estou aqui para florescer, a meu tempo, expandindo-me no gozo infinito da gratidão! Embevecendo-me ao ver os outros, por sua vez, fazerem o mesmo em suas próprias vidas.

O prazer de mudar

É comum ouvir a expressão: *"Como dói mudar!"*. Diante dessa afirmativa, vinda de mim e dos outros, eu consentia a essa dor e me acomodava num adiamento interno, retrucando: *"Dói mesmo... O jeito é esperar um pouco que, na hora certa, eu vou conseguir!"*.

Depois de dizer e ouvir isso tantas vezes, bateu um incômodo forte, veio a reflexão e pude ver a realidade: *"Mudar pode até doer. No entanto, está doendo muito mais permanecer como estou"*!

São muitas as resistências a mudanças:

Não é fácil ter fé!

Não é fácil amar!

Não é fácil perdoar!

Não é fácil ser feliz!

Não é fácil ser caridoso!

Não é fácil ser leve!

Quer saber? Difícil MESMO é fazer nada sobre isso...

"Eu posso ser quem eu quiser... e posso mudar de ideia"

Num certo dia, me deparei com esta declaração da blogueira Biattrix e me senti muito livre ao ler a proposta que esta frase traz consigo. É uma expressão que me conecta com meus propósitos de Vida mais profundos, uma vez que traz possibilidade de movimento. Como viver é evoluir e estar em caminhada, é muito natural que, ao longo da experiência, eu precise mudar ou ampliar minhas ideias repetidas vezes.

Por outro lado, em outros momentos, resisto e fico estagnada em diversos "papéis" por receio de frustrar expectativas alheias – da família, dos amigos, da Vida profissional, da sociedade, de algo *far far away from me*... São adiamentos de conexão com a minha essência, porque na hora de me olhar no espelho, quem estará lá sou eu: frustração!

Criar novas dinâmicas exige persistência, sim! Depois do primeiro passo dado, a nova estrada se mostra imensamente mais gratificante e feliz. Incríveis aventuras aguardam logo mais... e sempre. Pois a Vida não se cansa de surpreender, lançar novas perguntas e presentear com algo ainda mais estimulante.

O que dói, de verdade, é calar, enrijecer, cristalizar. Assim como água parada, adoeço quando estanco. Sinto dor e fico exausta de resistir aos convites da Vida, que invariavelmente clama por evolução.

Sinto que o ponto de partida e chegada é um só: ser Amor em Movimento, seres espirituais em construção. Na infância evolutiva e cegueira momentânea sob efeito da matéria, custo a admitir essa realidade. No entanto, ela cada vez mais me parece ser absoluta e plena. Saio dela quando resisto e deixo de confiar e fluir.

Que hoje eu abrace a necessidade de mudança em mim, com a mais doce e empolgante alegria de ser, de agir, de pensar e de sentir algo novo. Que eu me entregue ao chamado incessante da Vida por amar e refletir a luz de Deus!

Porque mudar pode ser extremamente prazeroso...

CAPÍTULO 3

Respeito ao tempo evolutivo: meu e do outro

Sempre dentro

Na ânsia de me pertencer
A pressa faz projetar
Lá fora, o lugar que me faz
Ser livre e poder amar

Pro meu centro, enfim retornar
Após longa jornada...
Cansada de controlar fora
Aquilo que dentro falta

Saudade da automestria...
No cerne de minha alma
A sinto comigo, tão perto
No fundo de mim se acha

Nesse centro, encontro paz
Nele, me entrego ao momento
Silêncio no Amor, percebo...
A conquista é sempre dentro!

Espelhos de luz

Deus se expressa por meio das criaturas.
Como espelhos de Sua imensidão,
Aos poucos, se desapegam.
Tornam-se reflexos-espelhos da divindade.
Cada um a seu tempo e maneira...

Quando me considero superior a outro irmão,
Me comparo a esta caminhada de cada um em revelar Deus em si.
Em última instância, uma busca perigosa por elevar-me acima de Deus no outro.

Quando Deus em mim saúda Deus em você, sem condições...
Contribuo para minha liberação e leveza na caminhada.

Por outro lado, quando me comparo,
Meu ser sai do eixo numa ilusão de elevar-se.
Caio na separatividade,
E me ponho em vibrações de estagnação e dor.

Ser Amor em Movimento consiste em reconhecer a luz em mim e nos outros.
Em pensar, sentir, falar e mover-me nessa certeza.

Assim, reforço a parte que busca refletir o
Amor de Deus.
Construímos em conjunto, cada um na sua lida
interna,
A pureza da Unidade.

Sem separações, sem julgamentos.
Só observação de tudo que AINDA não brilha...
No entanto, caminha...

Respirando, reflito a luz que me chega.
Inspirando e recebendo,
Expirando e deixando ir...
Assim é o Amor em Movimento!

Sem apegos, nem amarras;
Só reflexo e caminhada.

A compreensão do 'Namastê'

A sabedoria implícita na saudação em sânscrito – "Namastê" – é bela e profunda: *"A centelha divina que habita o meu coração reverencia e reconhece a centelha divina que habita o seu coração"*. É a completa "submissão" de um ser à realidade do outro ser – na melhor e mais inteira acepção da palavra: saúdo o outro sem questionamentos, nem expectativas de respostas específicas.

Quando dita e sentida desde a alma, a expressão "Namastê" reflete um profundo respeito e humildade ante à pessoa a quem saúdo. Não se trata, no entanto, de um respeito qualquer, que olha pra fora com ares de superioridade e uma certa tolerância pelas atitudes "estranhas" dos outros.

A palavra "respeito" vem do latim *"respicere"*, que quer dizer *"olhar de novo ou atentamente; fitar"*. Segundo Dulce Magalhães, *"respeito vem de um olhar cada vez mais aprofundado sobre o outro. É reconhecer esse Universo que está frente a frente conosco. É uma atenção que deriva da Sabedoria de que cada encontro é uma única chance em sete bilhões que nos é ofertada pela Vida"*.

É uma atitude de encantamento e alegria pelo processo do outro. Uma reverência que nasce na humildade de que meu ritmo não é superior nem inferior – é diferente. Expressar um "Namastê" desde dentro, é estabelecer uma conexão verdadeira com as pessoas, livre de julgamentos, cobranças e máscaras sociais. É a conexão com a centelha divina que habita todos, reconhecida e reverenciada em mim e nos demais.

Para isso, é necessário atentar às defesas do ego infantilizado. A baixa estima, a insegurança e o medo, muitas vezes, levam a atitudes de superioridade em relação ao outro – especialmente o próximo mais próximo, seja ele um parente, o parceiro, um amigo ou colega de profissão. Para me sentir bem comigo mesma, me entrego de forma incauta à maledicência, ao julgamento e à condenação dos semelhantes.

Na defesa da superioridade, sinto e acredito que sei mais e melhor. Que minha forma de ser e estar é a mais acertada. Que o outro não sabe direito como fazer. Que o resultado de sua ação não é tão proveitoso quanto o meu. É a sabichona de plantão, ou o dono da verdade colocando as cartas na mesa.

Nada mais humano e natural do que esta defesa. É normal agir assim! No entanto, atenção: como tudo na Vida, esta defesa se manifesta para eu conhecer melhor a mim mesma e, em seguida, dar novo curso a essa energia. Desta vez, de maneira mais profunda e orientada ao Amor.

Recentemente tive um sonho, em que me colocava em postura de “Namastê” frente a uma pessoa muito importante de minha Vida, perante à qual – por defesa – ainda me colocava num lugar de superioridade infantil. Eu a via face a face, e me colocava em reverência, com as mãos sobre o peito em atitude de oração, com a cabeça abaixada. Fiquei ali, naquela posição, por um bom tempo.

Foi um momento lindo, que me trouxe alívio a cada minuto que passava. Uma alegria inexplicável, uma paz tomou conta do meu corpo e da minha mente, uma admiração pela grandeza do outro, um encontro muito profundo de reverências entre Deus em mim e neste ser. Quando faço esta reverência com sinceridade estou assegurando à outra pessoa que irei além das diferenças e conectar-me-ei a ela, colocando-me num lugar absolutamente nivelado.

Foi aí, nesta visão, que encontrei a fonte mais pura do "Namastê" e, desde então, essa palavra tomou um significado muito curativo no meu dia a dia. A qualquer momento em que as inseguranças dão alô e me vejo questionando a atitude de alguém, assumo o que sinto: acolho minha sombra com carinho, me amo, me acalmo e, em seguida, mentalizo a postura de reverência em relação à pessoa em questão. Uma tranquilidade e uma surpreendente alegria me invadem em instantes, e o sorriso rapidamente se estampa no rosto.

Consigo embarcar nesse sentimento quando compreendo que julgar e condenar o outro, e muito menos ainda, querer modificar sua forma de ser, é tão ineficaz quanto contraproducente.

Quando observo o processo de cada um com profundo respeito e reverência, quando abraço o tempo evolutivo de todos os seres com alegria e gratidão, sem me arrogar em interferências e sentenças, entro em contato com Deus em mim, que se embevece a cada encontro com Deus nos outros.

A Vida torna-se um grande palco de reencontros das manifestações divinas em todos os seres da criação.

A cada um que me lê, um lindo e amoroso **Namastê**!

Confiança no amor que me habita
– A Essência do Namastê –

A necessidade de controle nasce da insegurança e do medo.

Histórica e culturalmente, essa sensação é passada de geração em geração. Numa visão ainda mais ampla, transpessoal, ela pode, até mesmo, vir de existências anteriores.

Quando convivo com essa vibração por muito tempo, entro num *modus-operandi* que desconfia da existência de uma Sabedoria Maior, uma Força, uma Ordem que a tudo rege. Então, me distancio da concepção de que, no Universo, tudo tem um porquê e que vivo mergulhada num oceano de bênçãos.

Não percebo que, mesmo as circunstâncias mais doloridas, difíceis e adversas têm sua razão e função de ser. Deixo de confiar na Vida e me desconecto da Fonte de Amor, que provê com abundância contínua. Fico ligada ao paradigma da escassez.

Nesse lugar, convivo com a possibilidade constante de viver uma falta. Uma vez sob ameaça, surge a necessidade de controle, que encontra sua expressão mais intensa na busca de exercer e ter poder.

Como fazer o caminho inverso, de volta para casa?

A gratidão me reconecta com a abundância

De pouco em pouco, reconheço na minha própria Vida os milagres, as bênçãos e o quanto recebo todos os dias.

A gratidão é o grande mapa que me leva de volta para casa, para os braços da abundância de Amor! Esse sentimento se estabelece quando percebo, com calma, que os fatos todos que acontecem, mesmo os piores, têm grande sentido pedagógico em minha Vida.

Depois que passa a tempestade, compreendo melhor. Com o tempo, reconheço que o que vivi foi para melhor, ou que, no mínimo, a situação deixa um profundo aprendizado. Mesmo quando alguém que muito amo se vai, a força que me salva dos braços da revolta é a gratidão pelos momentos vividos.

Nesse movimento, percebo pistas de uma Força Maior sustentando tudo, e me conduzindo por meio de experiências – ora leves e doces, ora pesadas e doloridas. Todas contêm ensinamentos. Aos poucos, me rendo a essa confiança de que o Amor a tudo rege – também nos momentos de maior dor.

Quando essa compreensão chega, a fé se estabelece, posto que ela é a certeza de que a Ordem do Amor conduz minha Vida. Nesse momento, volto a me reconectar com a Fonte, pouco a pouco. No entanto, isso não acontece num passe de mágica: reconectou, resolveu! Não...

Essa conexão é algo a ser cultivado e exercitado, dia a dia. Nela, me rendo, descanso, e passo a confiar na Vida, aos poucos. Essa Vida que me habita, essencialmente habita todos: os pais, a esposa, o marido, os filhos, os amigos.

Quando confio na Luz que vibra em todos, descubro e acesso, um tanto mais, a essência do Namastê: Eu saúdo Deus, a Vida, a Sabedoria que habita todo ser humano com quem convivo. Especialmente o próximo mais próximo. E a confiança que começo a acessar em mim, também se expande em confiança nos outros.

Sobre humildade e entrega

Quando me comunico e me conecto com esse Amor que habita tudo, a relação fica fluida. Não questiono mais o tempo evolutivo de um ser: eu percebo que, se ele está vivendo uma determinada experiência, é porque lhe é necessária e importante para seu aprendizado.

Compreendo que existe uma Força Maior atuando nele – força essa que não precisa da minha interferência, das minhas dicas enviesadas e dos meus conselhos parciais.

Nesse ato de reconhecimento, recoloco-me no meu lugar, e saio da necessidade de salvar o outro segundo minha própria medida. Em conexão com o silêncio, escuto: "Estão todos salvos, relaxe".

Quando eu respeito o fato de que essa Força conduz a Vida com total sabedoria e segurança, muito melhor do que acredito que poderia fazer se a mim fosse dada essa possibilidade, vivo uma realização nova: acesso a HUMILDADE em mim, que entra no processo de mãos dadas com a ENTREGA.

Humildade é uma palavra que tem origem no latim: "*húmus*", que significa 'terra', e "*ilde*" que significa 'pés'. A atitude de ter os pés no chão.

Ou seja, uma pessoa agindo em humildade está nivelada, conectada com os demais e integra a defesa egóica de elevar-se sobre o outro em superioridade, para sentir-se melhor sobre si mesma.

Qual a minha parte nisso?

A mim, cabe conduzir a própria experiência me amando, observando os movimentos dos demais com sentido respeito. Emanando essa nova realidade num campo vibracional que influencia muito mais o entorno, do que o modelo de interferência anterior.

Mais que isso: quando confio na Luz e na Sabedoria que habitam o outro, contribuo profundamente para seu processo. Porque o olhar funciona como um fermento: onde está o foco, está o reforço! Assim é quando olho, confio e foco na luz que a cada um habita.

Por outro lado, quando desconfio do processo daquele que observo, e fico interferindo de maneira sistemática, dizendo a melhor forma de fazer, pra onde vai, o que fazer, como fazer... eu me coloco numa posição de superioridade! A posição de quem sabe melhor do que o outro, e que sabe melhor – até mesmo – do que a própria Vida, Luz e Amor que habitam o outro.

Que esteja claro que não trato aqui de aconselhamentos profissionais e espirituais que, muitas vezes, fazem diferença. Refiro-me à atitude continuada e insistente de, nas relações pessoais, atuar com pesados níveis de interferência e projeção pessoal dos próprios conflitos.

Me arrogo neste lugar pela necessidade de exercer poder e controle, que tem raiz no medo e na insegurança da falta e da escassez. Falo isso, por experiência própria, vivendo anos a fio neste lugar. Vem a culpa, a olho nos olhos e digo: "Tudo bem, estamos em aprendizado, e na oficina das experiências, posso comprovar que existem outras formas de me sentir segura e amada". Então, convido a mim mesma: "Vem, vamos viver algo novo!".

Pode ser leve, pode ser doce

E, assim, sigo adiante, nesse compromisso de galgar os degraus da maturidade evolutiva, abraçando minha infância espiritual e olhando para esses processos com leveza, doçura, auto-acolhimento – seguido de auto-esclarecimento e convites a viver novas propostas, mais conscientes e livres.

Uma perspectiva fresquinha de, por meio da gratidão, do respeito e da humildade, entregar-me à condução sábia da Vida. Cada vez que consigo fazer isso, sinto-me descansada e me rendo a um relaxamento desconhecido, inédito.

Isso é muito profundo e, nem sempre, é fácil. Especialmente na relação com o próximo mais próximo: a tentação é influenciá-los, tentando dizer para eles o melhor jeito de ser.

Com os filhos então, trata-se de uma cultura "crônica", que vem sendo repassada, a reboque, de geração em geração. E fato seja dito: somos todos produtos dessas construções individuais e coletivas.

Filhos: aprendizado triplicado

Enquanto mãe, por ter a "licença poética" para interferir – e por um Amor intenso (e, muitas vezes, cego) – cometo erros na melhor das intenções.

Por Amor (e uma profunda insegurança), transfiro para eles o que acredito ser mais correto, melhor aceito, mais seguro, que garante mais sucesso, maior aprovação dos outros, menos críticas, menos sofrimentos...

Porém, tais parâmetros derivam das minhas medidas pessoais - não das medidas dos filhos. Atropelo o ser real que eles são, e projeto neles as receitas de sucesso espiritual, social, profissional, financeiro, familiar e evolutivo segundo minha própria régua.

Como mãe que os amam profundamente, quando paro para refletir, descubro rapidamente: tudo que um filho precisa é que eu confie no Amor e na Luz que os habitam!

É vital sempre dar as diretivas necessárias: apresentar as regras da casa, as noções de convivência, de bem viver em sociedade, resumidas todas basicamente na regra de ouro de Jesus: "Ao próximo como a ti mesmo". Ensino-os a amar, reforçando a importância de começar dentro esse Amor e, então, transbordar.

Sou livre para interferir nos momentos em que o coração comanda, sim... tudo bem! No entanto, fico atenta para que isso não se torne o padrão, a ponto de incapacitá-los a usar o discernimento e dar os próprios passos.

Dar-lhes a oportunidade de vir a ser o que realmente são é, provavelmente, o mais belo presente que uma mãe e um pai podem outorgar aos filhos.

Tudo que um filho precisa é da confiança sincera dos pais

Recentemente, conheci a obra da médium Pamela Kribbe, que canaliza mensagens atribuídas a Jeshua, Jesus. Li algumas das espantosas e puras comunicações, e deparei-me com essa pérola: "*O que a criança mais frequentemente precisa, no fundo do seu Ser, é da confiança sincera dos pais. Elas nos dizem: 'Confie em mim. Deixe-me ser quem eu sou. Deixe-me cometer erros, deixe-me tropeçar, deixe-me ser quem eu sou, e mantenha sua fé em mim'".*

Essa frase foi como a peça do quebra-cabeças que faltava para desvelar a face do aprendizado em questão. Saio da escassez da desconfiança e do julgamento, e fluo na abundância da confiança e do Amor. E ao nutrir os filhos desta maneira, eles descansam, baixam defesas, sorriem e agradecem. Tudo que eles querem é ser amados e, como plantinhas prestes a florescer, serem regadas dessa confiança persistente e firme.

Confiando no Amor que os habita, eles encontram terra firme e segurança para desabrochar seu propósito individual. Uma conquista que só é entregue a peso de um profundo tesouro: a confiança na Vida e o abrir mão da necessidade de controle e de poder.

Lembro-me sempre que essa necessidade não é maligna e maquiavélica por si só: ao contrário, nasce de um instinto deturpado de proteção, que tem suas raízes no profundo terror de confiar na grandeza da Vida.

As defesas nascem de necessidades reais, que não podem nem devem ser ignoradas. No entanto, trazendo-as à luz, podem, aos poucos, deixar de ter esse papel central e serem pacificadas com o extrato puro do Amor e da compreensão.

O amor exigente que cura

Um começo interessante para conhecer os caminhos internos é observar o movimento do Amor que exige.

O Amor exigente costuma se fundamentar numa premissa que invalida a necessidade do outro: eu o julgo, espero algo em troca, exijo, demando. Do lado de cá, almejo o conforto, a paz, o descanso e os processos do meu jeito. E qualquer atitude contrária a essa postura me aborrece, e desejo que o outro mude sua forma de agir a todo custo. Então, o que fazer com esse desejo infantilizado de demandar o outro desesperadamente? Eu o sufoco em nome de parecer boazinha.

No entanto, esse desejo, ainda que silencioso e infantil, é importante, é a mina de ouro que aguarda o olhar mais atento. Pois é neste lugar que reside o gatilho que me lança para fora de mim mesma, projetando meus vazios para o próximo mais próximo – por isso é tão bonito e complexo conviver. Quando saio do meu centro, projeto necessidades na correspondência exigente do outro. Entrego a ele meu poder pessoal, a responsabilidade sobre como me sinto, seja ele quem for.

Toda necessidade é válida: a minha e a tua!

Por isso, é tão mais fácil praticar a caridade com desconhecidos, afinal espero pouco retorno deles. Quando conheço alguém mais intimamente, crio expectativas (Amor exigente) e passo a exercer minha vontade de correspondência neste ser. Em seguida, inicio o embate de interposição de necessidades, muitas vezes partindo da ideia de que a minha necessidade é mais importante que a do outro. Desta busca por validação desorientada, nascem os atos de subjugação, violência, negação e abandono.

A dor está aí: quando paro de validar a minha necessidade; e quando paro de validar a necessidade do outro também. A benção da lucidez vem mostrar que as duas necessidades podem coexistir e são válidas. O que para mim não tem nenhum sentido, com relação à necessidade do outro, não faz a menor diferença para ele. E nenhuma necessidade é mais ou menos importante que a outra. O encontro entre as duas só perde movimento quando uma ignora ou quer calar a outra à força.

Na ânsia de controlar a manifestação da necessidade alheia, fico enganchada e sofro. Não precisa ser assim. As necessidades clamam por ser ouvidas mutuamente, validadas, compreendidas. Para, então, clarificar, ponderar, escolher, liberar, ceder e receber a doação-possível-que-o-outro-tem-pra-hoje.

Mapa da mina interior

A cura se intensifica tão mais próximas são as relações. Conforme as exigências que tenho em relação ao outro aumentam, maior a possibilidade de vivenciar esclarecimentos profundos. Afinal, quanto mais próxima a pessoa, maior seu poder de interferir diretamente em minha Vida. Porém, o que atribuo como "ataques à paz" é a usina que alimenta o Amor exigente e, por isso mesmo, o mais importante guia para dentro de mim mesma.

Vou a um exemplo: a esposa que lança sobre o marido todas as expectativas de Amor exigente, em diferentes formatos. É irreal pensar que ele a corresponda em tudo. Ela, então, segue se frustrando, vez após vez; pode até se separar do marido, que o buraco interno seguirá em seu interior. Entrará numa nova relação, e o buraco, que é só dela, volta a se manifestar. Por quê? Punição? Deus não gosta dela? Ela só atrai quem não a ama?

Nada disso. É preciso perceber que a Vida, Mãe-mestra que é, traz infinitas chances de observar a dor que chora dentro e se manifesta como um ímã de espelhamentos análogos, que oportunizam compreensão e, então, liberdade. Essa dor não pode ser resolvida à força, ou à base de truques, ela precisa de um olhar acolhedor, que valida suas necessidades, seguido do esclarecimento persistente que integra luz e sombra.

Cura à base de luz, e não de repressão

Quando me deparo com minhas supostas 'sombras', tendo a escondê-las, calá-las, sufocá-las. Analiso, catalogo e rotulo: sou má, sou egoísta, não presto, não faço nada direito. Vem o mergulho na culpa, seguido de autopunição. Acredito que esses males devem ser extirpados, arrancados do meu ser.

Para esconder todo esse modo desgastante, me reprimo por meio do controle, da repressão, do desligamento de mim mesma, do isolamento, da violência, da doença, da solidão. Porém, a pressão sob a lama me convida, incessantemente, às fugas escondidas que, por sua vez, geram ainda mais culpa e estagnação.

A dor clama por um cobertor quentinho, que repouse sobre todo meu ser, com a substância do 'Amor que cobre a multidão de pecados'. O Mestre Jesus foi exato: o Amor cobre, dulcifica, repousa, acalenta, abarca, libera. Seu convite passa bem longe de arrancar, extirpar, calar e amordaçar as sombras. Seu Amor é lindo, calmo, paciente; não julga, não condena, não cataloga, não reprime.

O Amor conduz à luz da caridade real por meio da escuta das dores, minhas e do outro. O Amor esclarece sobre os princípios do Evangelho, encantando corações que sentem-se impelidos a expandir também sua luz. O Amor chega devagarzinho, olhando com jeito, silencioso. Ele acolhe a criança espiritual que ainda sou, incompreendida nas necessidades ainda naturalmente animalizadas e instintivas.

É só caminhada, e não maldade obstinada!

Ao olhar para a sombra, o que pode estar lá:

⁕O egoísta assim age porque está preso na crença da escassez.
⁕O arrogante esconde a insegura fragilidade.
⁕O orgulhoso congela ante o medo do esquecimento.
⁕O vaidoso treme diante da falta de escuta e olhar amorosos.
⁕O medroso cai no vazio de não crer na condução segura das leis do Pai Criador, espelhadas nas materializações da Mãe Vida.
⁕O raivoso irrompe em brados coléricos, porque está sedento de Amor.
⁕O violento age em desespero ante a dor imensa da solidão.

Todos esses e cada um são crianças espirituais em movimento de ascensão, rumo às certezas do Amor universal. Ensaiando os primeiros passos para sair do limitado paradigma da falta; e viver a expansão no paradigma da abundância.

Na abundância, transbordo

Quando creio e me ligo a esta abundância, transbordo, espelhando isso ao meu redor. Admiro o processo de cada um, sem pressa, sem imposição, sem bancar a salvadora. Porque é um caminho que só pode ser atravessado por vontade espontânea, bem compreendida e bem escolhida. Estou aqui, nesta Terra abençoada, lidando com minhas questões como posso, a meu turno, tempo e maneira. Assim:

- ⁕Tenho paz comigo mesma, transbordo paz aos outros.
- ⁕Tenho paciência comigo mesma, transbordo paciência.
- ⁕Tenho autoescuta, compreendo melhor.
- ⁕Tenho indulgência com minhas limitações, observo o outro com doçura também.
- ⁕Tenho compaixão com meu tempo evolutivo, transbordo compaixão.
- ⁕Tenho caridade ao me olhar, olho caridosamente.
- ⁕Tenho alegria por ser quem sou, me alegro pelo outro.
- ⁕Quando me amo, transbordo Amor!

E todas as práticas acima, comigo mesma, com o próximo e com o desconhecido ocorrem ao mesmo tempo. Porque a Vida e suas manifestações abundantes se traduzem em situações mil, que atuam como espelho do que preciso perceber, ver e amar. Mãe-mestra que traz pro colo tudo que preciso abraçar, acolher, esclarecer e integrar, sustentada pelas leis de Deus, me guiando incondicionalmente em direção ao Seu Amor.

Eu te vejo

**À Marineli Ávila Ribeiro.*

Quando me conecto ao Amor em tudo, mesmo em cada agressão, em cada grito, em cada violência, em cada engano, em cada guerra, em cada morte, atravesso a impressão inexata da forma e transcendo além-tempo para o espaço da certeza e do absoluto.
Ali também Te vejo!
Sim, existe uma Ordem Maior. Para além das leis que regem os contextos humanamente sagrados:

Sim, existe continuidade do ser.

Quando ocorre o encontro de dois corações, ainda que num ato de violência, percebo um movimento de Amor interrompido, à espera de ressignificação e retomada do ponto em que se desconectou.
Sinto a oportunidade da Vida reiniciar-se em reencontros mil.

Aqui também Te vejo!
Preciso me incumbir de fazer justiça?
Preciso me precipitar em julgamentos?

Preciso reabrir feridas?
Lamentar o passado?
Chorar a falta?

Quando assim o faço, em quaisquer desses lugares, tudo bem...
É só mais tempo vivido na manifestação da experiência.
Adiamentos, por assim dizer.

Para seguir com fluidez, hei de concordar com a Vida e suas formas.
Ela manifesta as ordens do Amor numa plasticidade inequívoca e multifacetada.
Quanto mais digo SIM, mais fluo em paz e integração.

Tudo é! Luz e sombra são um só, temporariamente "divididos".
Em seus contrastes, formam o colorido pano de fundo no teatro da Vida.

Escolho olhar a luz de cada um.
Escolho acolher todas as manifestações com pureza de coração.
Escolho apreciar todo e qualquer passo da caminhada.
Escolho honrar tudo em mim, e no outro.

Recebo tudo. Abraço tudo. Reverencio tudo.

Ao fazer isso, alimento a luz, foco no florescer,
fluo no Amor.
As partes que, em mim e no outro, se fecham,
se estagnam, se apegam,
são enfeites do caminho.
Pedras que compõem o refinado mosaico da
Vida.

Tudo coopera para o bem: cada erro, cada
queda – tudo é aprendizado e movimento.

Tudo é Amor!

Quanto às resistências...
Eu as vejo; não as alimento.
Eu as toco; não as fortaleço.
Eu as respeito; não as reforço.
Até que não mais as vejo, porque à luz se
integraram.
Nem pressa precisa ter,
posto que tempo é uma convenção.

Respiro tudo! Tomo tudo da Vida para mim!
Sou a certeza do Amor.

A plenitude da perfeição das leis do Pai-Amor,
manifestas nas expressões e formas da Mãe-Vida.

Polaridades que atuam como duas faces de
uma única moeda: a experiência do Ser.

Eu confio na luz e no Amor que habita todos.
Eu Te vejo em todos.
Todos florescem.
Sem exceções.
Somente certeza.

CAPÍTULO 4

A benção da convivência

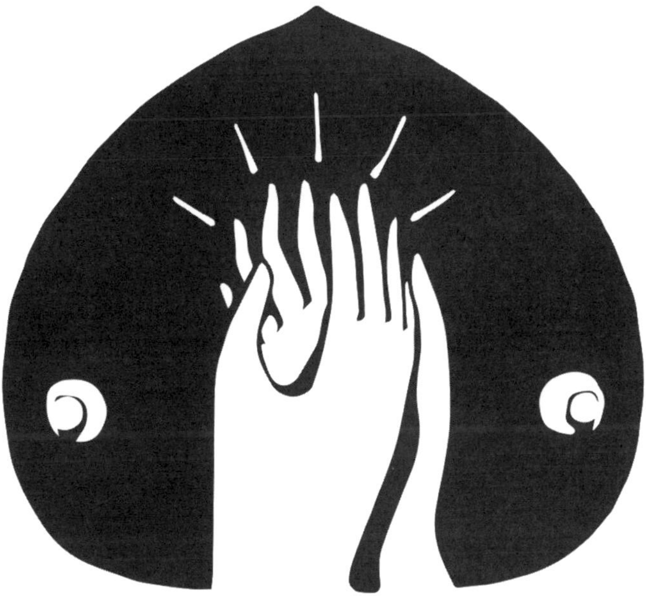

Eu assumo

Eu assumo o que é meu, e deixo
de projetar nos outros
a autorresponsabilidade que cabe a mim.

Ocupo somente o lugar que me pertence, e
transcendo a arrogância de dizer aos outros como
viver melhor os seus lugares.

Simplesmente me alegro por ser quem sou,
como sou, onde estou.

Reconheço que tudo é motivo para agradecer:
nas alegrias, deixo-me gozar cada uma delas;
nos limites impostos pela Vida,
reconheço-os como meus grandes professores!

Mãe-Vida, Pai-Amor, como é bom existir!

– Com os pais –
Da exigência à gratidão

A Ditadura Filial

Quando nascem, as crianças têm seus pais como provedores de tudo – de comida, carinho, proteção, conforto, cuidados. Passam os anos, a independência chega a conta-gotas.

Aprendem a falar, a ir ao banheiro sozinhas, a tomar banho, a ler, a se comunicar com o mundo. Chega a adolescência, a faculdade, a profissão, a vida adulta. Durante esse período, os pais fizeram tudo que podiam, tanto do ponto de vista material, quanto emocional.

Acostumados a isso, alguns filhos levam tempo para compreender que esse papel de tutores que os pais cumprem tem um começo, um meio e um fim. Os títulos de parentesco e a gratidão por terem sido seus portais de entrada na experiência da Vida, é claro, são fatos eternos.

Porém, um ser humano que realmente deseja evoluir e se responsabilizar pelos próprios atos, precisa ir além e perceber que – chegadas a emancipação e a maturidade – os pais, os tutores disponíveis de toda hora, já fizeram o suficiente, e precisam seguir com suas próprias jornadas evolutivas.

Ao ler uma página do livro "Nosso Lar", encontrei a frase: "Na Terra, quase sempre, as mães não passam de escravas, no conceito dos filhos. Raros lhes entendem a dedicação antes de as perder". Quando tive meus próprios filhos, consegui compreender essa afirmativa numa outra dimensão.

É costume projetar e esperar dos pais tanta perfeição, tanta exigência, lançar sobre eles tantas expectativas que, alguém com um olhar mais atento poderia rotular esse processo de "ditadura filial".

Quando enfim sou eu própria a mãe, vivencio o outro lado da moeda – de passar a ser idealizada, exigida e cobrada – coloco em perspectiva o quanto exigi dos meus próprios pais. Por muitos anos, essa demanda extremada se justifica, dadas as necessidades da infância e da adolescência. No entanto, isso também passa. Ser mãe me auxiliou a compreender isso na relação com meus pais.

Quero fazer o melhor pelos nossos filhos. No dia a dia, me deparo com minha humanidade, com o cansaço e as tantas impossibilidades de agir e sentir da forma que gostaria. Aí, nessas horas, redimensiono todas as expectativas idealistas que tinha sobre meus pais, os humanizo e os percebo como simples seres humanos que estão nesta experiência como qualquer pessoa, com a finalidade de experimentar, acertar, errar, cair, levantar, enfim, aprender.

Então, posso dizer a eles: "Gratidão por minha Vida, vocês me deram tudo que eu precisava. Agora é comigo!" Quando consigo, finalmente, compreender a irmandade humana, e encaixar meus pais também nesta família, ocorre alquimia das mais interessantes. As exigências caem por terra e, junto com elas, acalmam-se as frustrações, desagrados, abandonos, medos e projeções infundadas.

Tomo tudo que posso da experiência que tive com eles, compreendo as impossibilidades e falhas. Entendo que fizeram seu melhor, e que isso foi suficiente para a minha alma! Seus SINS me fortaleceram e encorajaram. Seus NÃOS me educaram e mostraram o que é limite, para que eu possa evoluir com segurança na Vida.

Enxergá-los como aprendizes, tais como eu, é liberação altamente capacitante. Reverencio-nos por serem os instrumentos de minha vinda a este Planeta-Escola. Suas bençãos me religam a toda minha ancestralidade, até chegar à Fonte Maior.

O poder de viver a Vida, de escrever as páginas do meu próprio livro, deve ser meu a certa altura da existência. Isso faz bem. Não é uma perda, nem de um lado nem de outro. Antes, um processo de aprendizado e amadurecimento absolutamente necessário para os filhos. E, imagino, um movimento de alegria e leveza para os pais.

Ode à minha constelação familiar

Quando abraço a Vida exatamente como ela é, mergulho na alegria mais pura que se revela nas ordens do Pai Amor, expressas nas manifestações da Mãe Vida.

Questionamentos integram-se em gratidão.
Expectativas integram-se em satisfação.
Ansiedade integra-se em respiração.
Resistência integra-se em confiança.

Inteira, me entrego.
Sorrindo, sinto o Amor agir em mim, bem devagar.

Aos poucos, passo a passo, sinto-me segura, alinhada, e em consonância com as Leis do Amor.
Sinto e confio que Ele – o Amor – prevalece.

De braços dados com a Ordem, o Amor a tudo cobre, santifica e transmuta.

Após tantos anos em debates internos, abraço o silêncio, concilio e acolho minha Vida
e-x-a-t-a-m-e-n-t-e como ela é, com um sentido "SIM":

— Sim, tenho a melhor mãe que a Vida poderia me dar, para ser a versão mais criativa de mim.
— Sim, tenho o melhor pai que a Vida poderia me dar, para ser a versão mais amorosa de mim.

Eu os reverencio no altar do meu coração, por cada momento em que eles me disseram “sim” e “não”.
Seus “sins” me sorriem e acalentam o coração.
Seus “nãos” trazem lições, limites e oportunidades de reajustamentos.

Meus pais, em sua forma única e especial, agiram com liberdade de ser.
E eu tomo essa forma para mim, exatamente como é.
Deram tudo de si, momento a momento.
A eles sou grata, nos recantos mais profundos e preciosos do meu ser.

Nesta gratidão, conecto-me com a força pura e plena da abundância.
Então, constato: a Vida venceu, EU EXISTO!

Sinto-me fortalecida por suas presenças em mim, por todas as raízes que me ligam a eles e a CADA UM que os precedeu na jornada da Vida.

A cada ancestral que é tocado por esta reverência, a energia expande-se e retorna ao Criador como a mais terna oferenda do meu coração:

um ramalhete de flores vivas, coroadas de energias cristalinas e brilhantes.

Deus é Amor, sim. É, também, uma imensa e radiosa ALEGRIA!

Sobre o "tudo"

Olhando pra minha mãe e pro meu pai, muitas vezes questiono o que poderia ter sido melhor, diferente e mais adequado para a minha vida. Como se soubesse ser melhores pais pra mim do que eles o foram.

Arrogo-me em julgamento e superioridade, questionando os fatos da própria Vida, como foi em realidade. Então, entro em desordem com as Leis de Amor. Passos trôpegos de minha infância espiritual – passos também lindos, ricos, doloridos e sempre bons professores.

Esse processo faz parte. E a Vida vai mostrando, de pouco em pouco, o quanto nasci nas condições exatas que meu espírito precisava para desenvolver certas habilidades, curar certas tendências, colocar determinadas questões em evidência para serem sanadas.

Acreditando ou não na perspectiva transpessoal, é tudo tão milimetricamente perfeito, que é difícil não crer que uma Força muito sábia me conduz por esses emaranhados afetivos, o tempo todo, em busca da Unidade em nós.

Recentemente, tive a oportunidade dada pelo meu próprio coração de dizer SIM para as minhas raízes. Revisitar a velha e saudosa Fonte e me banhar da proteção e das bênçãos do meu lugar no mundo.

Não importa se uma pessoa não conhece seus pais, se sofreu muito com eles, se viveu bem, se evitou proximidade por muitos anos, ou décadas... Estamos vivos e este presente, por si só, vale TUDO!

Depois de muito tempo afastada, tive a oportunidade de passar uma semana de férias com meu esposo e filhos, na casa do meu pai, Albano e sua segunda esposa, Neusa. Eles são imensos presentes que a Vida me deu e que levei o tempo que precisei pra dar o devido reconhecimento e lugar.

Quanto mais reconheço e agradeço a realidade, exatamente como foi, mais fundo minhas raízes conseguem ir. Acesso ainda mais os nutrientes da existência, possibilitando que mais ampla se torne a copa da árvore da minha Vida.

Olhando para trás, reencontro o TUDO: todas as alegrias, dores, aprendizados, medos, coragens, ganhos e perdas.

Neste TUDO, encontro minha celebração-intenção desta atitude nova:

"Eu agradeço por TUDO!

NADA foi em vão quando observo, tomo consciência, honro e agradeço os movimentos da Vida.

O Amor torna TUDO sagrado em meu coração!"

Feliz "Tudo"!

Feliz Vida!

Quando concordo com o passado, avanço para o "novo"

À minha amada mãe, Elce e

Ao meu amado pai, Albano

Ao longo da Vida, encontro pessoas que atuam como Espelhos. Nelas, projeto toda minha história, com doces ofertas e também com dores e aspectos ainda por integrar.

Desse espelhamento, são criadas relações de codependências naturais, posto que os envolvidos têm necessidades a serem expressas e atendidas. Essas trocas têm função e complementaridade: as pessoas se atraem e se afinizam, visto que seus núcleos de dores se nutrem e se encaixam.

Nesse mistério, vejo como a Vida é milimétrica e perfeita! Em tais interações, a princípio improváveis, as questões mais importantes em cada um encontram terra fértil para emergir e serem compreendidas.

Tudo que esses conflitos precisam é vir à tona, se revelar; para então terem suas fantasias e defesas cuidadas e desconstruídas, restabelecendo o fluxo do Amor.

Assim, espelho o tempo inteiro, até que a criança interior desperta para o fato de que "acha" que tem livre arbítrio. Quando, na realidade, vive EM FUNÇÃO de negar/rejeitar ou repetir/salvar, diante de si mesma, as imagens infantis criadas sobre os próprios pais.

Num primeiro momento, não é fácil encarar o fato de que se vive sem quase nenhuma originalidade. Somos feitos de nossos antepassados e de nossa carga espiritual. Vivemos em função deles: seja negando-os e rejeitando-os; seja repetindo-os e salvando-os inconscientemente.

O incômodo passa quando percebo que pagar este "preço" pela Vida vale cada centavo e "é caminho natural, lindo como é".

Agradecida pela Vida, pelo preço que custou, posso – agora sim – encontrar algum relance de real livre arbítrio da alma consciente.

Quando reconheço, honro e agradeço o passado, avanço para o novo

Encaro a realidade e percebo quão incrível ela é. Estar viva é ser milagre e fruto de muito esforço: desde o ancestral mais primitivo até meus pais, passando por toda a linhagem de antepassados. Em meu DNA, carrego o esforço dele e de todos que o sucederam. Esse conteúdo é sempre vivo e expresso pelo meu coração, por meio da vibração que emito pro mundo.

Numa analogia poética, o coração é a caixa de som, um amplificador da música que vibro, cuja partitura está gravada em meu DNA, com a história que me compõe. Harmonizar-me com esta música interior, quiçá ampliá-la e tocá-la com afinação e amor, é fazer a parte que me compete na maravilhosa sinfonia da Vida!

Quando olho para todo esse passado e humanidade com respeito e embevecimento, me plenifico de REALIDADE e agradeço por ela, como é.

Sem necessidades de me defender, sair da Ordem com suas leis naturais, negar a Vida como me chegou e como se apresenta. E, muito menos, dizer como ela poderia ser melhor segundo minha régua – tão pequena, limitada e estreita.

Entendi que posso me ocupar de ser o meu melhor, amar e oferecer algo próprio, sem precisar negar ou salvar meus pais, que já estão suficientemente incumbidos de si mesmos. Quando permaneço pequena, recebo toda a força deles e cuido da minha própria Vida.

A realidade me liberta

Esse melhor que posso ser não vem de fora. Não vem do companheiro. Nem da filosofia, da religião, do dinheiro, da realização profissional. Vem da construção da consciência de quem eu sou.

Todos estes elementos de convívio são presentes da Vida, espelhos sagrados para eu ver a mim mesma. Posso amar e agradecer pelos reflexos que encontro no mundo, especialmente aqueles com que mais convivo e aprendo, ainda que em espelhamentos difíceis.

E me deparar com o fato de que eu posso ser o que preciso – ainda que muitíssimo bem acompanhada – é deveras impactante. Posto que essa compreensão confere autorresponsabilidade plena, por tudo. Nesse lugar, posso crescer como mulher, com meus pais no coração, e com esta relação sagrada expressa em cada célula do meu corpo.

Eu, que resisti tanto contra o que sou, descobri: eu sou feita também de meus pais e de tudo que amei e critiquei em suas atitudes. Tremi diante da afirmação que Bert Hellinger ensina: “Sabe por que vivemos? Vivemos para nos alegrarmos com os pais que tivemos”.

Quando mergulho e olho pra essa frase com calma, encontro REALIDADE e muito florescimento em tudo que meus pais e antepassados viveram pra que eu pudesse nascer. Sorrio pra tudo que a Vida traz de doçura e milagre assim que baixo a cabeça perante o passado e recebo a graça de existir.

Lembro de longe, não tão longe, das defesas de arrogância e superioridade. Dor nas costas, nos joelhos, resistência de reconhecer toda essa multidão que existiu pra que eu pudesse nascer.

É muita força querendo chegar a mim! Essa força só vira peso, quando resisto, quando quero ser maior, quando brigo e questiono a Vida como Ela teve necessidade natural de ser e Se expressar.

Resisto por amor.
E, por amor, eu me rendo

Quando me rendo e sinto a grandeza da Vida que me chegou, o que vem?

Um BAITA AMOR! Na minha história e dos antepassados pode ter orgulho, dor, defesas, loucuras, crimes e muitos "nãos". Todos carregados, também, de experiências e aprendizados.

Estranhamente, o que prevalece quando vejo além e amplio o meu olhar? Prevalecem os "sins", o amor, a doação, a coragem, os carinhos, os aprendizados, as alegrias, a gratidão, a Vida enfim!

Meus pais e meus antepassados são o suprassumo da Vida para que eu pudesse existir! E eu sou o resultado disso TUDO: o crème de la crème!

Quando aceito e vibro essa realidade, não há qualquer espaço para a reclamação e a solidão. Ao contrário, sinto minhas costas infinitamente leves, quentes e protegidas. Sinto-me sortuda, amada e muito querida.

Eis a gema preciosa das constelações familiares: me sentir FELIZ pelos meus pais, ocupar o meu lugar com alegria e dizer um imenso SIM à Vida que recebi, exatamente como ela é.

Quando estou aqui, coladinha neles, reconheço que sou eles E vejo algo novo também... sou, também, algo a mais: um terceiro elemento!

Eu me autorizo a ser, também, eu mesma?

Uma vez que reconheci-me como filha e feita de meus pais e antepassados, cada vez mais grata por isso, tenho alguma possibilidade de ser eu própria.

"Danielo-me" cada vez mais! E espero ser amor por meio disso.

Vejo o tempo que precisei passar julgando o que recebi deles. Negá-los significou ficar fraca e não acessar as imensas forças e dons que sempre tive a meu dispor. Enriqueci ao abrir os olhos e ver os muitos tesouros que me ofertam.

Mais além da negação, observo que passei outro período querendo redimi-los perante mim mesma – um ato de arrogância pueril. Quis repeti-los para honrá-los. E, novamente, olhei para a realidade: com suas forças junto de mim, me amparando, pude despertar e ver.

Ao me deparar com meu maior medo, que era repetir a imagem infantil da historinha que criei sobre minha mãe e meu pai, descobri que viver para isso era grande demais pra mim e deixei com eles seu destino. Ficar presa a esses julgamentos significava andar para trás, olhando pra morte, e "sendo menos eu", ao querer salvá-los de si mesmos.

Com infinito respeito e recolhimento, reconheço: "Mãe! Pai! A Vida de vocês é grande demais pra mim! Deixo com vocês o que é de vocês. Sou pequena perante seus destinos, vocês são os grandes para vivê-los."

E continuo: "Faço valer a Vida que me chegou por vocês, para que não tenha sido em vão tudo que atravessaram para que eu pudesse estar aqui, viva e dando lugar a tudo no meu coração."

"Agora, mãe e pai, é comigo mesma! Avanço com vocês pela força de tê-los comigo, entronados no altar mais sagrado do meu coração, reverberando este AMOR e esta GRATIDÃO em cada célula do meu corpo.

Com a sua permissão e olhar amoroso, sigo sempre pro mais e pro NOVO!

A benção mamãe! A benção papai!"

– No casamento –
Da codependência à amplitude

Sobre o medo de se envolver com alguém

Num papo descontraído, entre duas mulheres unidas por uma amizade de muito anos, ocorre um diálogo interessante.

A amiga diz: "Estou me apaixonando por um cara que conheço há pouco tempo. Amo estar com ele, é um gato, mas absolutamente confuso e instável. Ao mesmo tempo, tão carinhoso e presente... não sei o que fazer..."

Eu: "Parece ser gente como a gente, só que não esconde isso. Transparência tende a ser algo bom... O que você quer?"

A amiga responde: "Quero não querer. Pensei em sair e me abrir pra outras pessoas..."

Eu: "Rsrsrs! Parece que esse estágio já era... vamos pular pra próxima fase logo?"

A amiga diz: "Se eu ficar nessa, já sei que vou me machucar..."

Eu respondo: "É possível. No entanto, dá para diminuir um pouco o impacto se você não cobrar e nem esperar muito dele. Eu me refiro, especificamente, a esperar algo além do que ele é. Com as expectativas alinhadas, esse encontro pode continuar a ser bem prazeroso, como você diz que tem sido..."

A amiga: "E como é isso na prática?"

Eu: "Entramos numa relação como adultas, e dizemos pra nós mesmas, todos os dias: 'vou viver isso, e assumo toda a responsabilidade pelo que me acontecer. Topo curtir e ser curtida. Frustrar e ser frustrada. E assumir o risco, o prazer e as consequências dessa escolha. E seguir disponível de novo, e de novo e de novo...'"

A amiga: “Putz! E quando vier a dor? A frustração? A raiva? A culpa? O medo?”

Eu: “Aí você saberá que é você com você. Esse assunto é algo muito grande e antigo para ser projetado numa figura tão nova no pedaço... Resistamos à tentação de repassar essa conta ao outro. Ela é nossa, e costuma cobrar aquilo que achamos que não recebemos da Vida e dos nossos pais.

Como estou viva e isso é muito maior do que o ‘possível’ que recebo, preciso ser eu mesma a me dar colo. É a criança ferida precisando de aconchego.

Quando as emoções vêm, acalmamos as feridas, conversamos, negociamos, convidamos ao novo (autorresponsabilidade) e agradecemos! Então, descansadas e refeitas, ‘descemos de novo pro play’ da convivência com o outro!”

Ela retruca: “Muito lindo isso! Fico imaginando: eu, calada na frente dele, espumando de frustração, e dando colo pra minha criança. Rsrsrs! Na hora do ‘vamo-vê’, digo o quê pra criatura?”

Eu: “Nessas horas, em geral, há duas escolhas: ficar em mim mesma ou projetar a frustração nas pessoas. É possível:

1) Fazer um barraco. Dramatizar. Ou, elegantemente, arrasar o outro querendo incutir uma culpa, ficando na ‘eterna-vítima-superior’. Independente dessas escolhas, essa atitude fala assim: ‘Você foi um idiota de ter feito isso comigo! Você não é homem pra mim. Você não presta!’

Ou podemos:

2) Respirar. Silenciar um pouco. Pedir um tempo para sentir e organizar sentimentos. Posso também me expressar de um novo lugar, o de protagonista: ‘Não desqualifico sua necessidade de ter dito ou feito o que fez. Você tem suas

razões pessoais. Ainda assim, eu me sinto ferida, rejeitada, triste e assustada! Preciso de um tempo para lidar com esse sentimento todo, que assumo: é meu.'

Deste novo lugar, sou leal a mim mesma ao dizer como me sinto, sem lançar no outro a culpa. Me atenho a meu lugar, a me expressar. Sem julgar ou desqualificar o que ele fez. Somente sinto e tomo a responsabilidade sobre esses sentimentos. Resisto à tentação de entregar este poder ao outro.

Com uma resposta dessas, que não lança condenações nem expectativas, o outro terá bem menos combustível para entrar no antigo modo de defesa de si mesmo. Quem sabe, de tão desocupado, resolva refletir no que fez? Rsrsrs! O que ele vai fazer é dele, não me pertence."

A amiga: "E o meu controle sobre o resultado? Sobre ele fazer o que eu quero e eu realmente encontrar alguém pra mim, do jeito que sonhei?"

Eu: "Isso é complexo! Rsrsrs! O 'alguém pra mim', para muito além das fantasias românticas, costuma ser a pessoa que atraio para lidar com esses aspectos da minha alma. E vice-versa.

Juntos, compartilhamos prazeres, alegrias, valores, medos, raivas e dores comuns. A realidade, nua e crua, é que os companheiros não são serviçais exclusivos, nem somos os deles. De exclusivo, creio que só há a relação da gente com a gente mesmo.

Essa exigência do outro cumprir o que é minha tarefa é o grande X da questão! O outro é essencial, fundamental, é espelho que me auxilia a ver meu reflexo, esse X a ser equacionado na benção do convívio.

Nas reações emocionais do dia a dia, consigo vislumbrar esses pontos-por-acolher por meio dos contrastes e contornos do reflexo-convivência, que me auxiliam a perceber o que dói dentro de mim. E eu estarei fazendo o mesmo pro outro sempre.

Se ele tem olhos de ver, aí é com ele.

A lida para alcançar esta maturidade é a grande aventura que o convívio me convida a viver!

Parece bom este lugar de adulta e protagonista de si mesma???".

A amiga: "Sim, parece bom. Quero mesmo curtir este encontro! Porém... Já sei que minha criança ferida é bem custosa..."

Eu: "E qual não é? Não há serviço de alma mais recompensador que esse, da gente acolher a gente mesmo. É convivendo e brincando no 'playground do Senhor' que me espelho e aprendo sobre mim mesma! A cada encontro, do tipo que for, muitos aprendizados!"

A amiga, meio desconfiada, e sobretudo, muito apaixonada e desejosa de viver esse momento, se empolga: "E não é que animei com esse negócio de ser adulta!?? Vamos combinar de sair de casalzinho?"

Eu: "Uhu! Simbóra! Demorô... Beijo, me liga!"

(Fim do papo).

Sim, falar é fácil. Fazer é complexo... E é, também, possível!

Atraio pessoas que oportunizam lidar com meu cerne existencial e, em geral, o núcleo de prazer e dor de um instiga e se alimenta do núcleo de prazer e dor do outro.

Quando tomo consciência das projeções que faço sobre o outro, me autorresponsabilizo e fico realmente livre e disponível pra viver um novo tipo de relação e de Amor.

Ficar em casa escondida e me fechar não resolve, ainda que possa ser necessário por um tempo... tudo bem escolher assim!

No entanto, lembro-me de que a Vida está aí pra ser vivida e o playground está aqui, bem ao lado: 7 bilhões deles, num planeta perto de mim e de você!

Daniela Migliari

Evolução a dois

Em homenagem e gratidão
ao meu esposo, Máximo Migliari.

Na marcha da Vida, a evolução segue seu curso sempre! Seja ela quando vivo mantém ou a dois.

Este texto trata especificamente de casais, na vivência do comumente chamado "Amor romântico".

Por que é tão intenso o momento do encontro inicial?

Por que, em muitos casos, essa sensação desvanece com o tempo?

Por que é tão complexo conviver?

Por que, com a chegada dos filhos, passamos de uma fase já tão profunda para outra ainda mais mobilizadora?

Perguntas que podem rondar as mentes de quem vive uma relação.

A resposta do pensador Alejandro Jodorowsky resume tudo: *"Somos irresistivelmente atraídos por quem nos trará problemas necessários para nossa própria evolução"*.

Sim, e isso é lindo e sagrado!

O mesmo magneto interno que atrai irresistivelmente a Deus, também atrai toda e qualquer experiência e pessoas que necessito por perto. São criados, assim, condições e situações nas quais tenho a oportunidade de ampliar a forma de amar e, também, de me reajustar comigo mesma, perante o altar da própria consciência.

Em casal, as expressões costumam ser complementares. Suscito os questionamentos mais profundos do parceiro; e ele, por sua vez, dispara todos os gatilhos que preciso para que eu possa lidar com as porções que mais precisam ser percebidas, compreendidas, esclarecidas e profundamente amadas.

Pegadinha da Vida? Calvário de tormentos?

Pode ser. Não *precisa* ser...

É a Vida, traduzida em misericórdia plena, perfeição inquestionável e absoluta eficiência, com o máximo aproveitamento de tempo. Isso tudo, para aqueles que mantêm a mente ampla e o coração aberto para ver o aprendizado que reside em tudo que vivemos.

Aos distraídos, fechados e resistentes, o caminho – que, dizem, (mas tenho minhas dúvidas), pode ser uma linha reta – torna-se uma custosa e tortuosa aventura: lotada de curvas, íngremes subidas e despenhadeiros de dar frio no estômago de qualquer um. Em suas muitas nuances, sempre uma incrível aventura!

A força do amor

A beleza de tudo isso é que o encontro de dois corações, o sonho do pertencimento a uma união real move montanhas. É um recurso precioso.

O vínculo dos filhos, então, torna-se um estímulo poderoso à perseverança nas relações. O tempo – aliado imprescindível – traz, à tiracolo, a benção da temperança e da paciência.

Estimulados e pela vontade de seguir unidos, vamos burilando as arestas ao Sol da experiência a dois.

Juntos, vamos tateando as dores, as suscetibilidades, os medos e as raivas, em momentos intercalados com aconchegos, cafunés e encontros íntimos.

Ainda que o medo da união aterrorize, amar dá forças e coragem para unir, perseverar.

Ainda que o egoísmo ande sorrateiro na alma, amar auxilia a enxergar-me, contatar-me, amar-me, instruir-me.

Ainda que o orgulho me defenda com unhas e dentes, amar auxilia a me reconhecer e ajustar a medida de quem sou.

Ainda que a carência confunda-me a atitude, numa busca deturpada por ser vista e aprovada, amar faz-me encontrar, sentir e vivenciar meu real valor.

Ainda que o medo me trave, num rompante de autopreservação, amar me faz confiar e ter coragem de curtir a Vida mesmo com os riscos e a certeza da impermanência de tudo.

Ainda que o separatismo insista em repetir histórias e enredos familiares antigos, amar me reconecta com a criatividade, em busca de novos caminhos.

Ainda que a rebeldia faça-me distanciar da Fonte, amar impulsiona para a conquista da humildade, da entrega e da reconciliação com o que sou.

Fugir do encontro é caminho pouco produtivo e desperdício de tempo. Ainda que a Vida seja profícua em renovações e novas oportunidades, ganho força quando admito e me responsabilizo pelo fato de que evitar o Amor é e sempre será, tão somente, uma escolha.

Amar me faz experienciar a fé em Deus e na Vida, como uma certeza inabalável, inamovível e cristalina. É a mais pura e profunda experiência de encontro comigo mesma, no outro!

Quem sabe?

Quem sabe... minha força esteja na abertura e disponibilidade aos convites da Vida.

Quem sabe... Ela diga: "Viva e expresse sua Verdade agora – a única, que resulta do encontro do Corpo e do Espírito".

Quem sabe... minha alegria como mulher more na VULNERABILIDADE CONSCIENTE, que confia e se entrega ao masculino com disposição e alegria renovada: de novo, e de novo e de novo...

Quem sabe... eu possa, SIM, ter prazer no feminino que se embevece ante a FORÇA do masculino.

E, neste meu prazer, sentir-me segura, livre e aberta de novo, e de novo, e de novo... a cada dia.

Assim: sem garantias.
Vivendo e sendo as escolhas que faço, a cada momento...

Flores-cerei

Aquele momento íntimo e profundo:
De conciliar-me comigo mesma, e
com minhas expressões ancestrais.

Posso ver e amar o que recebi dos meus pais.
E como essas heranças se refletem,
dentro e fora de mim.

Num acesso interior, intransferível...
No meu DNA, no meu corpo,
no altar do meu coração.

A abertura e disponibilidade do
Feminino Sagrado, em mim...
Recebe a potência, força e expressão do
Masculino Sagrado, em mim.

E deste abraço, culmina um
Orgasmo-Expansão-Unidade!
A flor em botão que sou, florescerá.

Flores-cerei!
Flores-sou!

A confiança no casal sagrado

O homem pergunta para a mulher:

"Posso confiar em você, cegamente? Sinto que posso colocar a mão no fogo por você..."

Ela, mulher de princípios profundos, titubeia: "Sim, não sei. Não tanto assim, não sei..."

Não, não é uma conversa qualquer, sobre traição e ciúmes... antes, um convite a ser verdadeira comigo mesma.

Mais tarde, a sós consigo mesma, ela reflete: "O que significa esse confiar? Será que significa eu entregar o que ele espera de mim? Ou eu ser verdadeira comigo mesma e agir alinhada com meu coração? Afinal, o que ele espera de mim é o que eu escolho ofertar a ele?"

Mais tarde, a sós consigo mesmo, ele também se pergunta: "E eu? Que tipo de entrega espero dela? Que ela seja livre para seguir seu coração? Que confio na sua forma de lidar com as escolhas, de caminhar e de ser verdadeira consigo mesma e comigo?"

Ela pensa, "De duas uma: ele ser livre ao meu lado, vivendo e agindo ao seu próprio modo; ou eu exigir que ele seja exatamente o que eu quero e, para isso, ele terá de matar seu masculino, gerando uma imensa raiva e deixando de viver sua própria verdade?"

Ele pensa, "De duas uma: ela ser livre ao meu lado, vivendo e agindo ao seu próprio modo; ou ela deixará de viver a força do seu feminino, gerando uma imensa raiva e deixando de viver sua própria verdade?"

Posso viver em liberdade ao lado de alguém?

No nível mais profundo da palavra?

Permito-me ser quem sou?

Recebo o outro como ele quer ser, livremente?

Ainda mais tarde, num sorriso cúmplice, recíproco e cálido, emerge a resposta.

Se sorriso tivesse legenda, diria: "Confio que posso ser livre ao seu lado. Incluindo ser livre para te amar e para permanecer. Não porque devo, não porque você espera isso de mim. Antes, porque quero e escolho seguir em frente, contigo ao meu lado! Alegro-me na paz de te saber, também, livre comigo."

E o papo segue adiante...

É esse Amor em Movimento, sempre lindo e caminhante!

O encontro do "casal sagrado"

Todos os movimentos de resgate do feminino e do masculino sagrados me encantam. No entanto, o que mais me move é a beleza do ENCONTRO entre dois inteiros: o CASAL SAGRADO!

Seja no interior de mim, reconhecendo-me filha do SIM de uma mulher e um homem: meus amados pais. Seja nas energias que se manifestam na Natureza e no Universo. E, também, na entrega ao Amor, ao ser de carne e osso, bem aqui ao meu lado.

Estar com alguém é conseguir dizer SIM todos os dias. Isso implica diversos SINS, em muitas e diferentes dimensões. À dimensão desse casal sagrado em meu interior, conciliando as polaridades feminina e masculina. À dimensão física, dizendo SIM à pessoa com quem convivo, em meio ao processo intenso de espelhamento que as relações oportunizam.

Muitas vezes, sou sugada para dentro dos conflitos que me habitam, e dá vontade de jogar tudo para cima, e seguir presa aos emaranhamentos. No entanto, a Vida convida ao Novo! A olhar mais além, para dentro. A projetar dores e carências menos. A compreender, autorresponsabilizar e amar sempre mais.

Os desequilíbrios entre feminino e masculino convidam a pensar: será que um vale mais do que o outro? Será que é importante saber se um veio antes do outro e qual foi? Respiro, observo e reconheço: o que sou só tem sentido quando me relaciono bem e em equilíbrio com ambas energias!

Foi então, que dei início a uma caminhada de compreensão desses aspectos no meu ser.

Mergulho interior

Comecei pela alegria de descobrir que só existo porque nasci do Amor (possível e suficiente) entre uma mulher e um homem. E a eles sou infinitamente grata. Sou metade um, metade outro. Percebi que essas partes em mim querem muito se olhar nos olhos e agradecer, uma à outra, por existirem e se complementarem tão maravilhosamente bem no ser que sou. Juntas, elas são a integração manifestada em minha Vida: sim, eu existo!

Em seguida, olhei para minha realidade de mulher, num relacionamento conjugal há muitos anos, e me dei conta: nunca aprendi tanto, nunca senti tanto desespero e vontade de fugir, nunca dei tantos *loopings*-loucos em torno dos meus conflitos, como desde que estou num RELACIONAMENTO.

De maneira muitas vezes inconsciente, vem a vontade de fugir do contato de todo jeito. Muitas vezes, estou junto, porém não exatamente ali. E nessas fugas, boicotes e voltas ao mundo, vem o cansaço e chego à mesma conclusão: a razão de estar nesse mundão de Deus é entrar em contato, me RELACIONAR.

E isso não é fácil. É, muitas vezes, apavorante. Também é absolutamente instigante, encantador. Para mim, não há escola maior. Na minha alma ermitã e entregue aos pensamentos, à filosofia, à espiritualidade, ao Amor à escrita, vez por outra me distraio do essencial: conviver, estar presente, encarar quem sou, abraçar e realizar o Amor entre esses inteiros.

As constelações familiares me auxiliaram a encontrar essas polaridades em mim: em tudo que recebi de minha mãe e de meu pai. O feminino e o masculino no ser que sou, e toda a minha linhagem materna e paterna. Meu DNA, as heranças-Amor, as heranças-conflito-ainda, as repetições de padrões por lealdade ao clã, a reverência à VIDA que recebi, ao preço que custou, exatamente como foi. Sem tirar nem por. Honrar e agradecer. E entronar tudo, absolutamente tudo, no altar do meu coração.

Quanta dor...

Meus pensamentos vaguearam além. Me vi às voltas com muitas percepções-ilusões de uma disputa entre o matriarcado e o patriarcado...

Me vi às voltas com a dor de Eva, por ter sido suposta mente vivificada após Adão, sendo que um Adão sempre sai de uma Eva quando olhamos a realidade exatamente como ela é.

Ouvi falar de alguns homens se ressentindo desse poder da sexualidade feminina, numa hipotética inveja de serem elas a dar à luz e amamentar, usando a violência para subjugar o feminino.

Soube de algumas mulheres chorando a chaga aberta por se sentirem abandonadas e vítimas da ingratidão. Sentindo-se rebaixadas e relegadas por alguns homens que, corajosamente, gestaram, pariram e amamentaram.

Vi alguns femininos ficarem bravos e deixarem de lado seu natural impulso de ser regaço, colo, peitos fartos de leite, para empunhar bandeiras e destilar rancor em nome de uma necessidade visceral de vingar essas dores.

Vi esses femininos, mergulhados em mágoas, exigirem: "Não mais, aqui não! Eu tenho o meu lugar! Olhe para mim! Agradeça!".

Vi os movimentos intensos de resgate do feminino sagrado florescendo mundo afora...

Vi também muitos homens sofrendo traições, tentando controlar, machucando mulheres para isso. Depois, os vi culpando-se dolorosamente pelos feitos. Também os vi buscando redenção e, cegamente, apagando seu masculino dentro dos lares – como se isso fosse a solução.

Vi homens sentindo-se culpados pelo impulso masculino de irem pro mundo, de conquistarem novos amores, buscarem outros caminhos e disseminarem a Vida. Seja pela necessidade primal, seja pela dor e não permissão de pertencer.

Vi vários deles se anulando pelas dores de suas mães, esquecendo-se das próprias vidas, para compensar a dor que elas sentem. Culpados de ser homens e sentindo-se responsáveis por salvá-las. Quanta dor!

Nós, algumas mulheres raivosas e ressentidas, fomos à lida, ganhamos o mundo, e sentimos um prazer cabal, silencioso e (nem tão) disfarçado de rebaixar o homem ao lado, nos enganando ao dizer: "Somos mais! Homem é assim mesmo..."

Quanta saudade...

Nesse mar de mágoas femininas, pude enxergar mais além e ver o surgimento do vazio... uma saudade esquecida... Vi a confusão dolorida: "Ah, como é bom estar preenchida por você, homem! As duas opções ardem em mim: tanto o calar no 'não', quanto dizer 'sim' de novo. Ai de mim admitir o quanto preciso de você, homem!"

Caminhando mais, vi o movimento deles buscando o João de Ferro em si mesmos. Querendo ver brilhar sua masculinidade novamente. Atônitos, perguntam-se: "Cadê minha força? Cadê meu vigor? Cadê meu lugar em meio a essa lama de culpa? Qual é meu papel neste mundo?".

Os vi buscando mostrar que sabem ser fortes e gentis ao mesmo tempo. Mostrar que sabem ouvir um não e respeitar o querer e o limite de nós, mulheres. Vi tanta dor, tanta raiva, tanto esmagamento do masculino.

Chorei com eles: um choro acompanhado de certa surpresa...

Atônita, parei de caminhar um pouco e senti. Congelei. Senti um pouco mais. E, finalmente, recuei diante da minha violência e da sede de vingança que ronda o coração de toda vítima... Algozes do agora... Armas que pesam demais. Ocupam tudo, corpo, coração, mãos.

Percebi que, com as armas em punho, não sobra espaço para dar as mãos e sentir a alegria do contato e do gozo do encontro.

Então, cansada e com saudades, larguei as armas que empunhava. Sorri ao sentir a leveza que perfumou minhas mãos, agora vazias e disponíveis ao contato: quanto alívio!

Vislumbre do encontro

Olhei mais além: vislumbrei uma luzinha brilhando lá no fundo de mim... Nela, mora uma SAUDADE. A mulher que ama RECEBER, que ama ser PREENCHIDA pelo homem, ACORDOU!

Ela me diz: "Eu preciso dele! É com ele que crio a Vida! É nele que me alegro, me embeveço, floresço, amadureço!"

Enfim, queridos, nessa lida entre feminino e masculino observo com Amor... O resgate desses lugares sagrados todos: os reconheço, amo e agradeço!

Caminho um pouco mais e sinto, verdadeiramente, que o que todos mais ansiamos é a conciliação dessas duas forças em nós.

Desde o DNA com as linhagens materna e paterna. Até a relação com o ser ao lado – com suas forças feminina e masculina, sejamos de sexos diferentes ou não.

E quando não há relação? Há de olhar amorosamente para a AUSÊNCIA dela: O que me move para o isolamento? Qual paz sinto neste lugar? O que, em mim, se defende da convivência com o outro?

Quem fomos ao longo dos tempos?

Na perspectiva transpessoal, quando olho para a história dos tempos, limito a compreensão quando fixo algo ou alguém como vítima e outro como algoz.

E quanto à possibilidade de haver outras Vidas, quem fui no passado? Homem abusado? Mulher agressora? Homem algoz? Mulher vitimada?

Posso transpor esta realidade para a minha linhagem familiar, experimentando-se em si mesma e aprendendo ao longo dos tempos, com tantos personagens em papeis alternados?

E a violência que mora em mim, em você, independe do sexo que se apresenta nesta passagem corporal? A Anima e o Animus habitam homens e mulheres igualmente.

Permito-me beijar a lâmina do Animus que me habita, porventura empunhada em Vidas passadas, ou no registro familiar, no meu DNA, ao longo da noite dos tempos?

Permito-me abençoar o recolhimento e o silêncio da Anima em mim?

Permito-me agradecer pelas experiências vividas, todas elas, sem exceção, como aprendizados?

Se fui carne sangrando, se fui lâmina cortando, posso agradecer e render-me à necessidade deste encontro na Escola da Vida?

O Amor em Movimento, em mim, agora olha para o CASAL SAGRADO, em todas as suas dimensões! Sente a saudade e a alegria de um encontro possível: momento a momento.

Posso largar as armas e reconhecer que toda A ÂNSIA DA VIDA POR SI MESMA só alcança expressão na arte do encontro em cada um de nós?

Carta ao masculino ferido

Querido Masculino Ferido,

Era uma vez uma menina
Que exigia de seu homem, como a um pai.
A dor da falta era tão grande...
Que ela não podia conter essa demanda.
Ela não sabia a extensão do mal que fazia...
Tudo parecia tão certo e em ordem.

Até que ela pôde pisar na Terra e ver a realidade.
A Vida a convidou a crescer.
Essa menina mergulhou e amadureceu.
E se viu profundamente agradecida às experiências desta infância.
Cada uma delas a trouxe até aqui.

Adulta, ela mudou seu nome:
Antes, "Be Good".
Agora, "Be You".

Com amor,
o Feminino Sagrado.

Para ampliar a compreensão, acesse o clipe da música "Be Good" (Lion Song), de Gregory Porter, e acompanhe letra e tradução

Ser mulher

Olho para a Terra...
Essa analogia me faz vislumbrar.

Mulher é campo disponível.
Firmeza e sustento para a Vida criar.

Em mim, o Amor do Homem se desenvolve.
Semeia. Germina. Frutifica.

Eu o percebo, sinalizo e abro a porta pra ele entrar.
Então, o envolvo, nele confio e entrego meu corpo.
Ofereço conforto e constância pra, no mundo, ele realizar.

Estimulado, ele sente saudades.
Confiante, eu espero em certezas.

Regozijados no retorno, o recebo.
Convicto, ele me serve e fecunda.

Juntos, damos ao mundo os frutos desta Relação.
Neste encontro, a Vida e o Amor seguem em frente...
De mãos dadas, rumo ao infinito.

Como é lindo ser Mulher...
E na União ao Homem me entregar
Para os mistérios do desconhecido!

– Com os filhos –
Do medo à confiança

Convivência: a gigante escola evolutiva!

Sou fruto da minha família de origem: filha dos meus pais, irmã de meus irmãos. Nos últimos 20 anos, me casei e passei a criar meu próprio núcleo familiar, no qual eu e meu esposo, Máximo, tivemos nossos filhos.

Devo dizer que toda e cada uma das palavras que aqui escrevo são resultado dessas convivências, que me lançam no fogo que forja o metal nas mãos do Grande Ferreiro.

Numa analogia, se represento as palavras que aqui escrevo, minha família é o papel sobre o qual elas são impressas. São a base: simples assim!

Romântica? Não mesmo... Esse enredo se passa muito mais numa narrativa digna de novela: recheada de baixarias, algazarras e perdas de controle. E nem adianta disfarçar.

Mesmo a mais polida das almas sabe o que acontece quando um filho derrama o copo de suco de uva em cima do celular dos pais na mesa do jantar.

Não é nada fácil conviver! É puxado ouvir choro, grito, demandas carentes, birra de criança (e de adultos!).

É o lar, queridos amigos, a oficina das almas! Quer queira ou não. E por mais que a convivência cause profundas dores, são elas que apontam os aspectos da infância espiritual que tanto precisam experimentar os amadurecimentos da Vida.

Mergulha na tua vila, e serás universal

Na busca obstinada, sedenta de respostas, garimpei em livros, terapias, cursos e formações espirituais diversas, o preenchimento dos vazios que tanto doem.

Caminhei muito, viajei, investi em cursos, li bastante. E, por certo, muitas percepções foram sendo sensibilizadas ao longo desse processo.

No entanto, após as tantas voltas que a Vida dá, dei-me conta que a existência, por si só, é a maior escola que cada um pode ter, bem ali, no cotidiano, em sua simplicidade, tal qual ele é!

Não sei quantas pessoas terão a capacidade de perceber isso sem antes precisar dar umas boas rodadas pelo mundo. Sei que eu não sou uma delas. Precisei girar à beça e ainda o faço.

Não me arrependo de nenhum dos passos dados, e aqui não me desfaço de qualquer técnica ou filosofia às quais recorri.

No entanto, não vou deixar de dizer que percebi que a Vida é realmente pródiga em proporcionar, com precisão, a experiência que tanto precisa ser apreendida.

Encarnação não tem endereço errado

A Vida é perfeita, sábia e detalhista. Cada um vem com sua programação evolutiva específica, delineada e ordenadamente conduzida pelo seu magneto interno: ele, o magneto, atrai exatamente o que precisa para desenvolver seus mais prementes potenciais.

Percebi que a escola mais perfeita que eu preciso está bem embaixo do meu nariz, dentro de casa, no convívio com minha família:

É aqui que minhas reações violentas explodem de forma desconcertante.

É aqui que o medo de ser abandonada mostra seus dentes.

É aqui que a mania de controle, para lidar com a insegurança que amedronta minha criança interna, vem à tona.

É aqui que as suscetibilidades, fragilidades e terrores mostram sua face.

Para alcançar esse nível de "descortinar interno" numa vivência terapêutica, haja habilidade e responsabilidade na condução de uma catarse! Alguns poucos sistemas confiáveis oferecem isso com segurança, e aqui não me desfaço deles.

No entanto, chama a atenção o fato de que já tenho os melhores professores ao meu lado e costumo passar despercebida disso. Nesse sentido, sou insistente em repetir a frase de Chico Xavier: "Encarnação não tem endereço errado". Nasci e vivo nos lares necessários para evoluir e desenvolver meus potenciais.

Sobre fugas e encontro com o mapa da mina

Diante de toda a confusão que se apresenta no convívio, muitas vezes opto por fugir. Afundo meus olhos no celular. Entro em contato com o mundo pelas redes sociais. Leio, estudo, escrevo.

Me ocupo do que sentem os antigos "amigos" de outrora: descubro onde estão passando as férias, jantando ou como celebraram seu aniversário de casamento. Vejo vídeos, memes, notícias tantas.

Pouco foco a atenção na dor do companheiro ao lado. Pouco ouço os filhos. Pouco reparo no mar das emoções interiores.

Diante desse cenário – que superficialmente parece desolador – escolho me acolher, me colocar no colo, respiro e digo pra mim mesma: "Calma, fugir é normal. Não é fácil mesmo encarar essas dores todas de uma só vez! Vamos respirar e conversar com tranquilidade?".

A hora em que o arrependimento chega, é o momento perfeito para lamber as próprias feridas. É a hora de ligar o som bem alto, e celebrar o encontro com o mapa da mina.

Justo ele, que até então estava perdido nas estantes da velha biblioteca: me vejo caminhando por seus empoeirados corredores e, de repente, o mapa-pergaminho-das-emoções-perdidas se solta de uma prateleira esquecida e cai diante de meus pés, clamando por ter seus enigmas interpretados.

Uma lida por vez

Muitas discussões entre casais, irmãos, pais e filhos, por motivos banais, mostram em suas entrelinhas a disputa de poder, o desprezo pelo sexo oposto, o veneno do ciúmes, a violência disfarçada em lágrimas vitimizadas, o fantasma da culpa traduzido em diversos matizes. Somente algumas entre outras tantas chagas.

Não há guru no mundo, pastor, papa, reunião mediúnica, livro sagrado ou viagem à Índia que me ensine o que posso aprender numa rodada de brincadeiras com meus filhos. Cada um sabe onde seu calo aperta, eu sei do meu.

Dia desses tive uma experiência transcendental ao me observar apavorada diante da algazarra dos três filhos, disputando uma propriedade do Banco Imobiliário, como bárbaros.

Ok, crianças fazem isso! Não foi o comportamento delas que me chamou a atenção. Antes, como EU me senti naquele instante.

A perda do controle, o medo de "como eles serão um dia", a frustração que sinto diante da desordem manifestada pelo desejo de outrem, enfim, mil e um aspectos que pipocam na hora do convívio.

Isso, para citar um exemplo que só parece bobo, e que me foi absolutamente magistral.

As delícias do auto-acolhimento

No momento de silêncio seguinte ao ocorrido, repassei as cenas em minha mente, e fui submetendo-as ao pente fino das reações descabidas.

Longe de me culpar, fui investigando amorosamente minhas entranhas. "Gritei por que? Senti o borbulhar da frustração pra que?".

Acolhi minhas naturais manifestações, gostosa e calmamente. E em seguida, convidei-me a refletir: "Estamos aprendendo, eu e eles! Preciso ter o espaço de testar, de cair, errar. Vamos rir mais das besteiras!" Como diz o Mestre

Gurulino: “o humor salva a paciência, que salva o Amor, que salva o mundo!”.

Revisitei as cenas e as recriei com as melhores reações que consegui vislumbrar. Dali em diante, fiquei ligada para a próxima vez que o copo de suco cairia, porque ele cai de novo, é certo!

Ensaiei minhas novas reações. Fiquei plena de deliciosas expectativas, uma alegria de quem está doido para chegar em casa e usar a roupa nova da sacola recém-saída da loja.

Me vi quase ansiosa para ver chegar o dia em que a oportunidade se apresentaria novamente! A hora chega, e lá estou eu, empolgada, disposta, animada para estrear os músculos mais treinados.

Por menor que seja a mudança, ajo diferente. Em seguida do novo desfecho, me acho a tal! *Veni. Vidi. Vici*: Vim. Vi. Venci! Consegui!

Permito-me comemorar-me, celebrar-me! Até a próxima queda, pelo menos. Só que agora, uma queda seguida de acolhimento, conversa e convites novos a mim mesma!

A Vida segue, e vou me construindo, ensaiando, me testando na bendita escola do convívio.

Regra de ouro vem de um transbordar interno

Descobri que sou minha melhor amiga, parceira, treinadora, atacante número um do meu time. Sou tudo pra mim!

Entendi que a regra de ouro de Jesus se baseia exatamente nisso: em me amando, transbordo Amor aos demais!

Quando consigo observar as manifestações da minha infância espiritual, sem julgar ou condenar, com a objetividade serena de quem se autoanalisa de uma forma ousadamente pragmática, posso ir além e realmente amadurecer.

Observo, acolho minhas necessidades, valido-as, esclareço-as, faço novos convites mais maduros a mim mesma, revisito as cenas, revivo, ensaio novas reações, vou criando algo diferente nesses diálogos internos, que sabe-se lá onde vão dar...

...Só sei que vão frutificar, certamente, num lugar muito mais florido, onde sopra a brisa leve dos dias ensolarados e livres, que tanto anseiam por ser vividos.

Somos responsáveis pelas criações individuais e coletivas

Na Vida, interajo com os seres por meio de ações, palavras, olhares, sentimentos e pensamentos. Quando me comunico com um ser, por essas diferentes vias, preciso compreender que todas elas são causas que têm efeitos: repercussões e consequências no campo vibracional dos envolvidos.

Essa compreensão, tantas vezes já investigada por diferentes estudiosos de linhas filosóficas e espiritualistas, não é fácil de ser abraçada. Isso ocorre, porque assimilá-la envolve a tomada de responsabilidade por minha atuação no mundo e suas consequências, no mais alto grau.

Quando aceito que a psicosfera do planeta Terra é a soma de todas as psicosferas individuais que nela habitam, tomo consciência de que sou, de fato, responsável por tudo o que acontece em nossa linda nave azul.

Sim, queridos, somos co-criadores da realidade! E assumir este fato com calma, alegria e confiança, é tudo que Deus-Amor convida a cada instante.

Rede de amor e emaranhamentos

Os seres humanos vivem numa rede de relacionamentos, uma giga internet espiritual planetária liga cada um ao outro. Todos os seres que habitam este planeta estão enredados, em todos os tempos, e mais intimamente relacionados àqueles com quem tiveram interações próximas – tanto as de efeitos benéficos quanto aquelas que infringiram as Leis de Amor.

Longe de exercer poder ou interferir nos contextos alheios, é preciso compreender que tudo que emito sobre as pessoas, em última instância, me pertence sim, e também implica em repercussões lá fora. O que lanço ao mundo é meu, fala de mim mesma, é de minha responsabilidade, retorna para mim, e tem efeito sobre os demais.

A mudança interior compete a cada ser. No entanto, é importante me dar conta de que também atuo sobre os outros, podendo contribuir ou não para o processo do todo.

O paradoxo é que o ser humano muitas vezes acredita que precisa fazer algo externo por alguém. No entanto, venho percebendo aos poucos que, algumas vezes, a melhor forma de auxiliar alguém passa, justamente, por conter o impulso de fazer esse algo por ela. Precisa haver um equilíbrio e uma sabedoria na hora de lançar mão desses dois movimentos.

A observação respeitosa e amorosa de cada um, a ausência de intenções de modificar o outro, a contenção da arrogância de salvá-lo, também é uma das maneiras mais eficazes de auxiliar. Então, qual a melhor forma de ser e estar no mundo, de maneira a somar no processo geral?

A conexão que eu promovo no mundo, momento a momento

Rotineiramente, entro em contato com diversos pontos dessa rede planetária. Emoções me invadem logo após interagir com alguém (seja o parceiro, filhos, amigos, colegas do serviço e também eles, os "desconhecidos").

Essas emoções e a forma como elas se manifestam no corpo físico são o guia e sinalizam: "Nesta relação, tudo está bem, fluindo". Também podem apontar: "Opa, aqui, algo está fora de ordem!"

No primeiro caso, a respiração é tranquila, o silêncio é presente, o riso e a paz são mais constantes. No segundo, um incômodo marca presença, uma sensação de incompletude se manifesta, o coração bate em descompasso diante de uma história emaranhada, confusa e com rastros de interferência.

Para me localizar nesses lugares, preciso parar um pouco e me fazer perguntas simples, num movimento de auto-observação:

- Nesta interação, quanto de mim se conecta com a luz do outro?
- Nesta interação, quanto de mim reforça a sombra no outro?

Cada vez que penso, sinto, falo e ajo conectada à luz do outro, reforço nele a energia de otimismo, a inteireza, a completude, a abundância e o Amor em movimento.

Cada vez que penso, sinto, falo e ajo conectada com a sombra do outro, alimento nele a energia de pessimismo, o vazio, a escassez e a estagnação do Amor.

Em geral, por não confiar na luz que habita o outro, das três uma: ou entro no medo, e não me relaciono com a pessoa; ou, acuada, uso da crítica e do ataque; ou me invisto do papel de superioridade, de "fazer por eles, fazer melhor". Nesses lugares, não permito que o Amor flua livremente, conduzindo cada ser por Si só.

Mesmo com filhos, com quem tenho a licença poética de ensinar e conduzir os passos, o que eles mais precisam é que eu confie na natureza deles, na luz que os habita, no Amor que neles reside e conduz.

Ensinar com amorosidade, guiar com sabedoria, apoiar sem superproteger, interferir em suas naturezas o mínimo possível, exemplificar com coerência, corrigir pacientemente e despertar suas confianças na luz que os habita.

Na soma dessas conexões-reforços, co-crio a realidade em mim e no outro. Ativo e sou responsável pelas repercussões dessa realidade nas psicosferas individuais e, consequentemente, na psicosfera geral do planeta.

Sou responsável pelo que emito a começar do meu "campo vibracional pessoal", que atua em diferentes níveis.

O campo vibracional co-cria em diferentes níveis

O entendimento desse mecanismo é o estudo da Escola da Vida – professora perfeita, que manifesta fora o que vibro dentro. Estou neste Planeta para, mergulhada nesta teia de interações, viver as experiências que ensinam e proporcionam o amadurecimento espiritual.

O campo vibracional se manifesta nas interações internas, de mim comigo mesma; na interação com meus pais, os grandes portais da existência física, primeiros vínculos na Vida, em conjunto com irmãos e parentela próxima; na interação com o companheiro de Vida, num processo de espelhamento intenso e complementar; na interação com os filhos, de forma ainda mais profunda e espelhada; na interação social, entre amigos e colegas de profissão; e na interação em escala planetária, com as esferas diversas das ideias, ligadas a manifestações culturais, étnicas, religiosas, de opinião pública, entre outras.

Em todas elas, invariavelmente, a realidade é co-criada o tempo todo. Assim como peixes mergulhados na água que os sustenta, nutre e serve de veículo de Vida, sem que se deem conta disso; eu também estou igualmente mergulhada no fluido universal, essa rede de emissões vibracionais que serve de veículo para todas essas interações.

Um pensamento. Um sentimento. Uma palavra. Um ato. Uma intenção. Tudo atua sobre este fluido, e tomar consciência disso é um movimento colossal de autorresponsabilidade, que precisa ocorrer aos poucos, posto que significa muito. Significa tudo.

Portanto, tudo importa. Importa o que penso sobre mim, sobre meu vizinho, sobre meus filhos, sobre o presidente do país, sobre a artista de TV, sobre o Papa, sobre os líderes mundiais. Em tudo, minha vibração atua, em tudo co-crio. E tenho o convite de verdadeiramente me relacionar com foco em confiar na luz que habita cada ser. Essa me parece ser uma das melhores maneiras, se não a melhor e única realmente efetiva, de contribuir para o processo geral.

Nesse sentido, é fundamental que eu me questione: quero ser a mão que constrói algo novo, permitindo-me guiar pelo Amor em Movimento? Ou quero ser a crítica cansada e descrente, que se entrega ao julgamento impotente e à estagnação deste Amor em mim?

Não há meio termos, somente escolhas a fazer. Vamos juntos, momento a momento, refletir sobre isso e, assim, co-criar de forma mais integrada, amorosa e criativa?

Compreendendo a água em que estou mergulhada

Compreender a forma como ativo o melhor ou o pior em mim e no outro, atuando sobre o campo vibracional, é quase como um peixe compreender a água em que está mergulhado.

A real noção dessa responsabilidade sobre a repercussão dos próprios atos é tão gigante e intensa que, muitas vezes, é difícil encará-la. No entanto, quando bem compreendida, ela pode ser experimentada passo a passo, com leveza. Quanto mais focada em cada pequena expressão do ser, tão mais substancial e livre essa consciência será.

Para compreender um pouco desse mergulho, é importante falar de comportamentos humanos culturalmente repassados, de geração em geração:

- ⁕ Para fazer valer quem sou preciso me sentir melhor do que o outro, desavisada de que, quanto melhor estiver o outro, melhor estarei, posto que vivo numa rede absolutamente interdependente.
- ⁕ Em muitos momentos, ao sinal de qualquer contrariedade, sinto, falo, aponto e espero o pior das pessoas. Seja de mim mesma, do cônjuge, dos filhos, dos colegas com quem convivo. Junto com a exclusão de cada um deles, empobreço e me desligo dessa rede.
- ⁕ Ainda que interdependentes, cada um tem seu caminho único, exclusivo, específico a desbravar e criar. A cada interferência com intenção de con-

trole ativo do resultado, perco o foco (e a energia) em minha própria caminhada. Além disso, atrapalho e despotencializo o caminhar do ser que me julgo no papel de condenar e exigir uma resposta à minha maneira.

⁕ Não consigo abraçar a sombra, os "aindas-em-aprendizado". Então, projeto nos outros e no mundo tudo aquilo que não consigo abraçar, integrar e conciliar dentro.

⁕ Ajo de um lugar de desconexão desta rede, e entro num estado de insegurança. Desligada da Fonte, ou seja, da confiança de que existe uma Ordem Maior de Amor me conduzindo, caio na ilusão de que "preciso estabelecer controle, ou tudo irá de mal a pior".

⁕ Assim, começo a impor ao mundo a minha forma de sentir, pensar e agir. Passo a cobrar que as pessoas façam do meu jeito, ou tudo pode dar errado.

Pode parecer cansativo, dual e incômodo reconhecer cada um desses lugares... Nessas horas, me convido à firmeza de persistir, pois é no abraço a esta Sombra que encontro os grandes campos de aprendizados a lavrar com consciência e Luz. Ao olhar para esses comportamentos e perscrutá-los com atenção e auto-Amor, posso ir mais além e garimpar suas ricas sementes.

No contexto da ativação do melhor e do pior em mim e nos outros, conhecer esses mecanismos me permite compreender a forma como estou emaranhada com as pessoas que me cercam, e como meu campo pessoal atua sobre os deles.

A escola da convivência

Certa vez, há muitos anos atrás, um amigo meu me disse: "Minha amiga, a gente está nesse mundão de Deus é pra se relacionar". Na mesma hora, eu me senti muito mexida com essa frase, e ela nunca mais saiu de mim. Foi um momento de encontro com a Verdade, aquela que tanto toca e liberta.

Esses emaranhamentos, e cada um deles, são os instrumentos de que a professora Vida Se serve para ensinar. Ao mesmo tempo que são mapa da mina, podem ser dolorosos também. Quanto menos os conheço, mais esses emaranhamentos tomam controle das ações.

E, afinal, quem manda em quem? Falo isso porque, em muitos momentos, me deparo com a imensa tentação de me apegar a esses lugares, me vitimizar e ficar imobilizada ali, lambendo o chão das zonas estéreis das lamentações.

Conforme me dou conta do caminho do meio que existe entre conviver e invadir; entre estender a mão e aprisionar alguém; entre amar e exigir; vou percebendo quanta riqueza tenho a desenvolver em minha própria história.

Então, começo a fluir e passear pelas pessoas com quem convivo, com beleza, inteireza, admiração pelo passo evolutivo de cada um. Enfim, com embevecimento pelos seus tempos e processos internos – sejam como forem.

Saio da ilusão de que sei salvá-los ou de apontar pra eles o melhor rumo a seguir. Num movimento mais maduro, em direção à humildade, me recolho tão somente ao meu próprio, único – e suficiente – lugar.

Trato de fazer o melhor de minha Vida, deixando brilhar minha própria luz que, como diz Marianne Williamson, é a melhor maneira de, inconscientemente, permitir que os outros façam o mesmo. Espelho-me neles, aprendo e sigo focada na contribuição que me cabe realizar.

Descobrindo a beleza dos "aindas"

Indulgência. Nesta palavra, em latim, estão os sufixos *in-dulce* – doçura dentro. Quando me deparo com algum aspecto em construção em mim e no outro, as "incapacidades-ainda", posso olhar também para o que já está lá. Ou seja, para a capacidade de, aos poucos, florescer e acertar.

Uma criança que ainda não aprendeu a andar tem em si todas as possibilidades de, amparada, dar um passo após o outro. Se os pais desistirem dela e disserem: "esta definitivamente não anda", o esforço dela precisará ser ainda maior na Vida.

Os pais terão perdido a oportunidade preciosa de confiar nos "aindas" da criança. É preciso ter calma e acreditar que as limitações serão, no tempo certo, novas e mais amplas realidades.

Para isso, o foco precisa estar na confiança de que a Vida que habita a todos, o Amor que de cada um Se serve, irá trazer as oportunidades perfeitas para que o ser, a seu tempo, floresça. Basta não atrapalhar muito.

E, na medida possível, atuar no apoio dessas pessoas, não como um chefe ou salvador. Antes, como alguém que está ao lado, incentivando, sendo belo em seu caminhar interior e estimulando o outro a desenvolver seu próprio percurso. Sinto que esta é a melhor maneira de entregar minha contribuição ao mundo.

Amo a palavra "ainda", que sorvi da fonte de sabedoria de minha amada mamãe. Simplesmente porque o "ainda" guarda em si todas as potências do Amor em Movimento. É uma palavra que sugere: algo em mim (e no outro) está em curso e em desenvolvimento!

Simplesmente amo a liberdade, a fé e a confiança que esta palavra desperta em mim.

Convite a mim mesma (e, quem sabe, possa servir, também, a você)

Nesse lugar mais livre, permito-me olhar para meus processos com calma, com leveza, autoAmor e, assim, fico mais forte e nutrida para olhar para cada um dos professores que a Vida traz: especialmente os filhos.

Nos dias em que isso é possível, em que há energia e abertura para tal atitude, me convido a observá-los com calma, acolher suas necessidades, conversar com eles com empatia.

Amparada pelo Evangelho de Jesus, convido-me a vivenciar – devagar – a Boa Nova. E, nela, ensaiar e amadurecer novas propostas de pensamentos, sentimentos, palavras, atitudes e hábitos.

Neste lugar, com um pouco mais de autoAmor e indulgência por mim mesma, passo a ver os outros com um pouco dessa mesma substância. Nessa troca, me comunico com seus campos de florescimento, favorecendo não só o meu, mas, também, o desabrochar dos demais. A coerência interior pode facilitar esse trânsito de informações.

Fica explicada, assim, a regra de ouro de Jesus: "Ame ao próximo *como a ti mesmo*". O que acontece "fora" estimula, instiga e ganha força dentro: ativando meu próprio campo interior e, então, ativando o campo do outro da forma mais livre, bonita e consciente que eu puder expressar, momento a momento.

Amar ou dominar os filhos: eis a questão

Recentemente, tive a grata surpresa de assistir ao filme "Moana". Para além das aventuras e piadas típicas das películas infantis, o pano de fundo da história é uma verdadeira aula de psicologia familiar sistêmica.

Nela, verifica-se como a inversão da Ordem do Amor no lar pode alterar as constelações familiares quando os pais se deixam conduzir pelo medo, pela necessidade de exercer poder e pela imposição das formas de ser. No enredo, o pai age assim e não vê a possibilidade que também existe de nutrir profunda confiança na Vida que pulsa em seus filhos.

Haverá spoiler do filme, claro. No entanto, compensa! E pode, até mesmo, instigar alguns pais a buscarem nessa história um pouco mais de força e inspiração para trazer consciência à condução parental dentro de casa.

Para mim, foi uma lição e tanto, posto que ao observar os pais de Moana, pude ver o profundo nível de superproteção com que vinha exercendo a maternidade – a despeito de eu imaginar que estava fazendo o exato oposto até então.

Pais superprotetores, filhos despotencializados

A trama é a seguinte: o pai de Moana é o chefe da tribo, que está criando a filha para ela assumir o posto de líder do povo. Desde pequena, a menina sente-se completamente atraída pelo mar, com enorme vontade de desbravar suas águas, aventurando-se oceano afora.

O pai, muito amoroso e carinhoso, encontra um jeito por vezes sutil, por vezes desesperado, de impedi-la de seguir seu coração. Por um trauma que viveu, ele tinha muito medo de perder a filha ante os perigos de navegar, pois uma suposta maldição havia matado vários antepassados sempre que tentavam ultrapassar a barreira de corais.

Primeiro ponto que o filme chama a atenção: não se trata de um pai arbitrário, que impede a filha por mera teimosia, não... Ele é um personagem doce, carinhoso e bacana. Fica nítido que ele está efetivamente fazendo isso por Amor. Moana reconhece seu esforço, ama o pai profundamente e o conflito fica evidenciado: ela se angustia entre viver seu sonho e atender às expectativas paternas.

O chefe da tribo, inclusive, esconde numa caverna as antigas embarcações dos antepassados, e toda uma história que Moana desconhecia até então: seu DNA é ligado a toda uma linhagem de "navegadores", que viviam e se realizavam no mar.

Moana nem desconfiava dessa herança e, ao descobri-la, entendeu o porquê de seu corpo todo se mover em direção ao oceano – desde que se entendia por gente. No entanto, por Amor aos pais, ia adiando a vivência desse propósito profundo, até já não mais poder evitá-lo.

Ao longo da trama, descobriu ser a escolhida das Águas para desfazer a tal maldição. Para isso, teria que atravessar os mares em diversas aventuras, ter um profundo encontro de Amor com a Sombra para, então, retornar à ilha como a verdadeira líder de seu povo.

Agora, porém, sob a égide de sua própria cartilha interior: seria a líder de todos, como o pai sonhou, porém, uma chefe de tribo à sua própria maneira.

Assim, ela pôde expandir tudo que recebeu dos pais, com a força da conexão interior com seu propósito interno sagrado, resgatando para sua tribo os valores da navegação e a alegria de viver no mar.

Para isso, teve que romper com a superproteção do pai e partir, ainda que levando-o consigo, no altar de seu coração.

Por amor, moldo os filhos segundo minhas próprias defesas

À primeira vista, o filme encantou-me pelo encontro de Moana com seu propósito profundo e, depois, pela forma como ela encarou e conciliou-se com a sombra. Chorei lágrimas abundantes, daquelas de lavar a alma. Naquele momento, no entanto, este embate familiar descrito não chamou tanto minha atenção.

Curioso isso, posto que algo muito próximo a este enredo estava acontecendo dentro de minha própria casa. Em geral é assim: "o peixe não compreende a água em que está mergulhado". Leva tempo para perceber e elaborar a substância da lama dos conflitos nos atoleiros da Vida.

No entanto, a história seguiu vibrando em mim e notei, poucas semanas depois, o quanto parecia ter relação com o processo familiar do momento. Após diversas interações, pude ver claramente que vinha agindo como os pais de Moana.

Justo eu, que me tinha em alta consideração (rsrsrs) e me via como uma mãe consciente: que conversa, que explica, contextualiza, e cria os filhos para uma postura independente diante da Vida.

Fiquei chocada quando percebi que, ao querer fazê-los fortes e corretos, segundo MINHA própria medida, estava impondo a maneira de ser "a boazinha" para eles. Dando palestras a cada queda ou manifestação diferente daquela que eu considerava segura e aconselhável para eles serem bem aceitos frente à sociedade.

Não que estivesse errada, nem se trata de um jogo de autoacusação. Estava fazendo o meu melhor, e pude finalmente ver que algo novo convidava meu olhar para uma postura mais consciente.

Percebi que essa exigência de eles serem e agirem como eu, era, no fundo, uma superproteção e a projeção da minha fragilidade pessoal sobre eles. E, embora eu seja carinhosa, presente, amorosa e com muitos acertos na minha caminhada como mãe, tenho encontrado um espaço imenso de cura em mim, para entregar a eles uma herança de maior liberdade, criatividade e amplitude perante a Vida.

Erro e acerto por um profundo (e, às vezes, cego) amor

Enquanto mãe, tenho o compromisso sagrado de tutelar os filhos que Deus nos confiou. Estou aqui para guiá-los por meio de limites claros, de transmitir a eles educação, referências familiares, culturais e espirituais e, principalmente, expressar-me por meio do exemplo. Entre erros e acertos, aprendo a equilibrar as interferências e o controle com a Vida que neles vibra e é sábia.

A proposta desta reflexão me convida a perceber que o propósito de cada um dos filhos pode e deve ser respeitado, honrado e celebrado. Meu aprendizado do momento é perceber que existe neles uma sabedoria que não pode ser sufocada pela minha necessidade de ter controle sobre o que eles serão ou farão da Vida.

Faço isso por Amor. Um Amor cego (que segue sendo Amor) e desconectado da confiança na Mãe-Vida, que manifesta as leis naturais sustentadas pelas Ordens do Pai-Amor. Passo a exigir que os filhos, por exemplo, façam e sintam como eu faria.

E quando os filhos em geral não fazem como os pais, querem são rotulados de muitas maneiras, especialmente na adolescência: filho de gênio forte, danado, mal-agradecido. Chegando a adjetivos ainda mais pesados, como preguiçoso, maluco, doente, mentiroso, displicente. Já ouvi de tudo um pouco da boca dos próprios pais. É quase como se os colocasse contra a parede e dissesse: "ou faz igual a mim ou não vai dar certo!"

Eles, que têm seus próprios caminhos a trilhar, e querem mais do que tudo a aprovação e o Amor dos pais, caem num dilema doloroso: "se eu seguir os impulsos da minha alma, serei aquele que não presta e faz tudo errado; se eu fizer o que meus pais querem, não estarei vivendo o propósito do meu coração".

Esse conflito torna a realidade dura por demais, e passam a querer fugir de mil maneiras: internet, vídeo game, televisão, consumismo, comida, amizades duvidosas, depressão, abuso de álcool e drogas, automutilação, e por aí afora...

Fugir da realidade seria o menor dos problemas, caso não houvesse algo ainda mais destruidor: os filhos desistem de si mesmos e começam a concordar com as imposições castradoras dos pais. E chegam a acreditar que realmente são mal-agradecidos, preguiçosos, malucos, mentirosos e displicentes.

Desconectam-se de sua força interior e se entregam para o completo domínio parental. Ao ponto de esquecerem os propósitos e os desejos mais profundos de seu ser.

O erro é o caminho mais próximo do acerto

E sabe por que nós, alguns pais e mães, fazemos isso com eles? Porque também aprendemos assim. Algo em nós também está desconectado da força interior, das verdades e reais propósitos.

Cada ser tem a chance de mudar o sentido do giro nessa roda de desconexão! E esse alguém pode ser eu, pode ser você. Um novo legado pode ser passado adiante, de geração em geração. Um legado de fé, de confiança e de força na Vida interior que habita os filhos.

Ninguém faz esse jogo por mal, porque odeia ou persegue sua prole. Simplesmente não sabe – ainda – fazer diferente. Portanto, estamos todos quites. Digo a mim mesma: "Fiz o que pude e dei conta de fazer. Estou sequiosa por algo novo, quero criar novas maneiras de lidar comigo mesma e com as pessoas ao meu redor, e especialmente entregar o melhor que eu puder para meus filhos."

Por fim, deparo-me com a abençoada certeza: *o erro é o caminho mais próximo do acerto*! Ele mostra onde não mais insistir e revela a dor que tanto preciso reconhecer, validar, acolher, esclarecer e amadurecer.

Resgatar a fé na vida que habita os filhos

A mim mesma, e aos pais que lêem este texto, um convite: que eu possa recolocar meus pés no chão, num gesto sublime de humildade, confiar nas forças de Amor que me habitam e que habitam os filhos. Quero alinhar-me à Vida, enquanto instrumento que sou.

Resgatando a confiança na Fonte, me potencializo como representante da mesma. Assim, a autoridade passa a vir desta atitude de humildade, alinhamento e reverência ao que é Maior.

Confiança sincera na Vida que os habita, é tudo que os filhos mais precisam. Que isso, nem de perto, seja interpretado de forma equivocada como ausência de limites e cuidados. Ao contrário! Tenho muito a fazer, e a forma como foco na luz dos filhos é uma das áreas mais sensíveis quando o tema é co-criar o mundo com responsabilidade e Amor.

Dez chaves para acessar o divino nos filhos

Ao longo dos dez anos em que vivo a experiência de ser mãe, venho colecionando frases que me foram sendo entregues pela Vida, por diferentes pessoas e caminhos.

Devagarzinho, essas compreensões me auxiliam a conciliar o lugar materno em meu coração.

Na constelação familiar que me compõe, esta é minha forma de contribuir com um pouco mais de consciência para o intercâmbio transgeracional do qual faço parte.

Assim, recebo com gratidão todas as heranças que meus pais me entregam; e passo adiante para meus filhos processos um tanto mais amplos, livres e alegres.

Vamos às frases que têm me auxiliado neste objetivo:

1) ***"Eu ainda era pequena quando meus filhos nasceram. Foi só com o passar do tempo que fui crescendo. Com eles."*** – Frase de Aglair Grein.

Ao lembrar do dia em que recebi 'aquele pacotinho' na maternidade, percebo que tudo que idealizei sobre ser mãe seguiu por caminhos bem diferentes da realidade.

Quando sou otimista ou pessimista demais, o desenrolar dos fatos e rotinas me surpreendem. Na minha experiência pessoal, ser mãe tem sido uma das maiores aventuras da Vida.

Na minha percepção, não somos mães e pais prontos pra missão: é *a missão que nos apronta*! Essa constatação é impactante e joga por terra – ainda bem – muitas das expectativas e tentativas de controle sobre esse processo tão cheio de reviravoltas.

Costumo dizer que ter filhos é uma viagem para fora do próprio umbigo. E imagino que vê-los partir para a própria Vida seja, mais tarde, um retorno para dentro de mim, infinitamente mais enriquecida pelos aprendizados desta experiência.

Eu, que idealizei muito a maternidade, embalada pelo sorriso plácido das mães nas propagandas de fraldas, lidar com a realidade foi um imenso processo, até culminar na vivência da entrega e do prazer de ser mãe.

Em meio às olheiras e à insegurança que senti nos primeiros anos, me perguntava: "Será que sou boa mãe? Será que sei o que estou fazendo?".

Pouco se fala sobre isso: o fato é que quando nasce o primeiro filho, nasce também uma mãe e um pai. E eles, assim como suas crianças, crescem, se desenvolvem e amadurecem com o tempo. E isso é lindo!

> 2) ***"Estejamos convictos, porém, de que o mal é sempre um círculo fechado sobre si mesmo, guardando temporariamente aqueles que o criaram, qual se fora um quisto de curta ou longa duração, a dissolver-se, por fim, no bem infinito, à medida que se reeducam as inteligências que a ele se aglutinam e afeiçoam."*** – Frase do livro "Entre a Terra e o Céu", do espírito André Luiz, pela psicografia de Francisco Cândido Xavier.

Convivência é uma bênção e o lar é a grande oficina das almas! A maior das escolas, onde há o reencontro com afetos que oportunizam lidar com os aspectos da infância espiritual que precisam amadurecer.

Os familiares difíceis também são grandes professores, não há como fugir deste fato, tão bem resumido por Chico Xavier na frase: "Encarnação não tem endereço errado!".

É em casa que aprendo a amar, a dar e receber carinho, a cuidar de mim. É o lugar onde também conheço minhas reações de dor, nas quais o egoísmo, o medo, o apego, os traumas e as raivas vêm à tona. Isso acontece tanto nas famílias de origem, assim como nos núcleos formados com cônjuge e filhos.

Todo e qualquer conflito aparece ali para eu aprender a ser amorosa comigo mesma e, então, transbordar isso aos outros. É em casa que as máscaras caem, me dando a chance de olhar as feridas, amando-as obstinadamente, até que se integrem em compreensão e luz.

3) ***"É tudo em nome do Amor! É tudo sobre Amor"*** – Frase de domínio público.

Sim, é tudo em nome do Amor: acertos e erros. Sorrisos, lágrimas. Carinhos, agressões. Cada respeito silencioso, cada interferência desrespeitosa.

Em nome do Amor cego, pais fazem tudo pelos filhos. E eles por nós! É como um 'cego-ainda' guiando outro 'cego-ainda', em nome de um Amor em construção.

Manifestar essa realidade de que tudo é Amor, organicamente, no mais fundo de minhas certezas, tem sido o grande carinho que tenho feito por mim mesma e pelos meus filhos.

Reconhecer que todos os seres estão em caminhada é o que torna a lida mais suave! Numa noção limitada, acredita-se que amar é algo fácil e espontâneo. No entanto, é sentimento sofisticado, que exige treino diário e devoção.

4) "*O erro é o caminho mais próximo do acerto*"
Frase acessada numa vivência espiritual.

Quando erro com meus filhos, tendo a ficar na culpa que machuca e atrasa a tomada de responsabilidade. Quando transcendo, percebo que é uma cegueira temporária do Amor que está se desenvolvendo, pouco a pouco.

O fato é que filho não vem com manual, e aprender a maternar e paternar costuma ser um processo de tentativa-erro-acerto, que se repete muitas vezes.

O importante é ter a postura humilde e sequiosa de se questionar, se perceber e se propor novos comportamentos mediante às demandas do dia a dia.

Apesar deste esforço, em nome de uma lealdade à família, muitas vezes repito padrões e sigo ligada a emaranhamentos sistêmicos antigos. De forma mais inconsciente do que posso imaginar.

Isso traz uma sensação estranha de impotência, e Jesus ensina: "Pedi e obtereis". Conforme caminho para dentro – rumo ao acolhimento, esclarecimento e integração das sombras – tenho mais e mais acesso aos processos integrativos dessas porções desconhecidas.

Minha missão na Vida? Promover cada vez maior diálogo comigo mesma, à base de auto-amor e auto-esclarecimento. Conversas interiores que culminam em processos de aprendizado, gratidão, integração e serviço no transbordamento deste Amor aos demais.

5) ***"Deus em mim reverencia Deus em você"***
Saudação do Namastê.

Por defesa, constantemente, é comum expressar posições de superioridade e inferioridade nas relações familiares e afetivas. No entanto, todos somos únicos e igualmente importantes e insubstituíveis. Ninguém vale mais do que ninguém.

Na infância espiritual, é comum esquecer dessas premissas e ficar entre extremos: ou me considero superior aos demais, numa atitude arrogante; ou me sinto pior do que o outro, com a autoestima lá embaixo. A compreensão profunda do "Namastê" é capaz de sanar esse desequilíbrio.

Compreender que esta Luz habita a todos e reverenciá-La nos filhos tem sido um imenso remédio para meu Amor-cego-ainda que, em nome de uma pretensa segurança, ainda quer controlá-los e ensiná-los a ser e viver conforme "minha cartilha". Eles precisam do meu Amor, da minha orientação, sim. No entanto, permaneço consciente de que têm sua caminhada própria em construção, que é deles, não minha.

O fato é que a Vida sabe mais, e me colocar nesse lugar de humildade e instrumento do Amor é a forma de melhor capacitar-me como mãe neste momento. O desafio diário é manter-me em confiança e serviço. Com calma e consciência, e com a força do silêncio e da palavra refletida, alcanço mais e mais consciência!

Uma frase de Dias da Cruz, psicografada por Andrei Moreira, resume isso: *"O ser humano não é pequeno como quer na menos-valia, nem grande como pretende na egotrofia. Em Deus é uma pequena centelha luminosa, tão grande quanto o tamanho da vontade do Pai para a sua Vida."*

> 6) ***"O que a criança mais frequentemente precisa, no fundo do seu Ser, é da confiança sincera dos seus pais. Elas nos dizem: 'Confie em mim. Deixe-me ser quem eu sou. Deixe-me cometer erros, deixe-me tropeçar, deixe-me ser quem eu sou, e mantenha a sua fé em mim".*** – Mensagem canalizada por Pamela Kribbe, atribuída a Jeshua, Jesus.

Você realmente confia nos seus filhos e em suas capacidades? Se você não confiar, quem o fará?

Dentro da filosofia de cura do Namastê, essa mensagem é um complemento fundamental. Onde está o foco, está o poder! Quanto mais eu olho e confio na Luz e no Amor que habitam os filhos, mais eles florescem.

Quando encontrei essa frase, foi muito intenso. Convido-os a sentir o que essa compreensão propõe. Quando a leio, sinto uma intensa VERDADE se expressando em cada célula do meu corpo. Porém, só consigo transmitir isso e sentir isso em relação a um filho, quando me sinto assim sobre mim mesma.

Caso contrário, no primeiro aperto emocional, entrarei na projeção e cobrança dos meus próprios conflitos nos filhos. Passo a exigi-los e criticá-los sobre a 'falsa-perfeição' que não consigo atingir.

Atualmente, este é o mantra que venho trabalhando em mim para conseguir expandir cada vez mais meu Amor, olhando para mim e para meus filhos com o máximo de confiança possível. A cada dia, um pequeno passo é dado em direção ao objetivo – nem que seja um só milímetro, olhando sempre em frente.

7) ***"O mal não se combate, reforça-se o bem"***
Frase do método Waldorf.

Vamos a um exemplo prático da aplicação desta frase: minha filha se arruma toda para uma festa, ela fica linda e feliz com o 'look' final. No caminho para o evento de logo mais, ela resolve beber um leite com canela e, como acontece com muitas crianças, deixa cair parte da bebida, manchando sua blusa branca.

Como se não bastasse a frustração que a própria criança sente (e muitas vezes não expressa), ela tem que lidar com as frases típicas: "Ah não! De novo isso!? Presta atenção, menina! Você estava tão linda"...

Fico me perguntando, que parte é essa que tem a *necessidade* de apontar o mal. De focar em frases-clichê como "Não disse que isso ia acontecer!?" Sinto que é a criança espiritual interior, transbordando suas próprias frustrações.

Tudo bem isso acontecer vez ou outra, sou humana e estou em caminhada. Nessas horas, gosto de me perguntar: quem é o adulto nesta relação? Preciso me treinar para conciliar as frustrações internamente e auxiliar os filhos a administrar suas próprias reações de tristeza e frustração. É isso, ou reforçarei neles a constante sensação de inadequação que é repassada de gerações em gerações.

Então, essa frase brilhante da filosofia Waldorf, convida a FOCAR NO BEM, NA LUZ! E a criar um campo de cooperação para os filhos atravessarem o processo de aprendizado com mais leveza, menos culpa e sentimento de inadequação. O convite que a Vida faz é: "Vamos criar algo diferente?". Então, nessas horas, posso acolher os filhos! Lidar com o erro já é frustração suficiente para eles!

Novamente, vem o "X" da questão: para entregar isso aos filhos, preciso ter este mesmo olhar comigo mesma. Quando foco na minha luz, quando me lembro que estou em processo de aprendizado, quando sou compassiva comigo mesma, consigo, também, ver o mundo com essas mesmas lentes. O mesmo acontece quando me torno a carrasca de mim mesma. Trato o mundo da mesma forma como trato a mim mesma.

Ainda no caso do leite derramado na roupa, posso me solidarizar à criança e dizer, sinceramente: "Poxa filha, sinto muito! Tudo bem, acontece! Vamos ver se dá para limpar um pouquinho? Da próxima vez, você bebe devagar e com mais atenção". Nesta fala, o mal não é combatido; somente reforça-se o bem: "beber mais devagar e com mais cuidado!".

É preciso muito foco e energia para escolher mudar e criar uma nova forma de ser. Creio que, SIM, é possível educar as reações para agir com mais Amor!

> 8) ***"Quem sabe o Amor seja o processo de eu conduzi-lo delicadamente de volta a si."*** – Frase de Saint Exupéry, filósofo francês.

Essa frase me conecta com o que sinto ser a principal missão de mães e pais: conduzir os filhos, delicadamente, de volta a si. Isso significa abrir mão de conduzi-los a quem eu gostaria que eles fossem, ainda que esteja motivada por um amor cego e com medo de algo dar errado.

O amor que esta frase propõe é uma vibração que confia nos filhos e na Vida que os habita. Este amor protege, orienta e educa com sabedoria. É um amor amplo que foca em ver, com o máximo possível de consciência, o que está a exigir: é algo construtivo e livre; ou é projeção dos meus conflitos pessoais no filho?

E acredito: para além dos antigos lugares de controle exacerbado, confiando na Vida que os habita, as surpresas que me aguardam são infinitamente mais belas, ricas e maiores do que pode supor meu infantil Amor.

> 9) ***"(Senhor, permita-me) Ver além das aparências teus filhos como Tu mesmo os vês, e assim não ver senão o bem em cada um. Cerra meus ouvidos a toda calúnia, guarda minha língua de toda a maldade. Que só de benção se encha meu espírito. Que eu seja tão bondoso e alegre que todos quantos se achegarem a mim sintam a Tua presença. Senhor, reveste-me de Tua beleza, reveste-me de benevolência e que no decurso deste dia eu Te revele a todos"*** – Trecho final da famosa 'Prece do Amanhecer', de autor desconhecido.

Essa oração é uma convocação a viver essa confiança. Com relação aos filhos, as preces de mãe e de pai contêm toda a força da ancestralidade que nos é conferida, por pertencimento e ordem familiar.

Portanto, que eu possa me revestir de toda a autoridade para abençoá-los com esta oração, hoje e sempre. Focada na Luz que os anima!

10) ***"Disse ainda: O reino de Deus é assim como se um homem lançasse a semente à terra; depois, dormisse e se levantasse, de noite e de dia, e a semente germinasse e crescesse, não sabendo ele como. A terra por si mesma frutifica: primeiro a erva, depois, a espiga, e, por fim, o grão cheio na espiga. E, quando o fruto já está maduro, logo se lhe mete a foice, porque é chegada a ceifa."*** – Citação do Evangelho de Marcos, capítulo 4, vs. 26 a 29.

As parábolas têm esse poder didático e certeiro, que mantém-se atual ao longo da noite dos tempos: nós, enquanto pais e "agricultores", podemos semear essa confiança na Centelha Divina que habita os filhos. Plantar e confiar em todo o processo que ocorre solo abaixo, cientes de que a Natureza faz o seu labor de forma sábia e segura.

E quando chegar o momento de o filho ir dormir na casa de um amiguinho da escola; sair com a galera de noite; fazer um intercâmbio ou ir morar no próprio lugar, que eu tenha a humildade, a confiança e a entrega ao fato de que o gérmen do Amor se desenvolverá longe dos olhos e cuidados, assim como nos ensina Marcos nesta passagem do Novo Testamento.

É sempre ela: a ânsia da Vida por Si mesma, expandindo-se em espirais de Amor e consciência, sob as Ordens Misericordiosas do Criador!

Daniela Migliari

Educando filhos para a beleza da diversidade

Esta é uma carta aberta às mães e pais que desejam criar filhos com o coração livre e respeitoso. Formar seres abertos para amar de forma criativa, sem pesadas amarras e condições enquadradas.

Tive a oportunidade de ver surgir o tema da homoafetividade com minha filha, Rafaela, então com sete anos. Estávamos em casa, e nos deparamos com a capa do jornal *Correio Braziliense*, estampando o beijo de Daniela Mercury e sua namorada.

Rafaela, que até aquele momento só tinha se deparado com referências heteroafetivas, espantou-se com o diferente. Um espanto natural, afinal, seres humanos – e crianças mais ainda – gostam de se emocionar. Com os olhos arregalados, perguntou: "maaaaaãe, são duas mulheres, pode isso?".

Eu tinha segundos para escolher como reagir: alguns virariam o jornal pra baixo, encobririam a verdade, julgariam ser cedo demais para discutir aquele tema com a filha, poderiam fazer piadas, ou dizer algo enviesado do tipo: "pois é, tem gente que é assim". Alguns julgariam a situação com algum termo jocoso, sem respeito ou de forma preconceituosa, colocando a situação como uma anomalia.

Primeira decisão: agir com naturalidade, para não contrastar ainda mais as tintas dessa descoberta, já tão significativa para ela... E respondi: "Filha, isso é uma foto de duas pessoas que se amam, é só Amor". Ao que ela retrucou:

"E pode isso?". Eu respondi: "Amor é bom e ocorre entre mulheres e homens, e também entre duas mulheres e dois homens. Agora, vamos correr que estamos atrasadas".

O assunto encerrou ali. Não porque eu não quisesse entrar em contato com isso, ou esconder algo. Simplesmente porque optei por inserir a descoberta na vala do comum. Por mais natural que fosse o estranhamento dela, resolvi focar na naturalidade. E, conforme tive chance, fomos conversando com mais calma sobre isso em momentos mais apropriados, para que ela pudesse fazer a travessia desta descoberta aos poucos, com leveza. Assim, ela pode entender as repercussões disso, conforme sua maturidade caminha.

Um mês depois, estávamos no shopping e ela viu dois rapazes andando de mãos dadas, e apontou com o braço em riste: "Olha mamãe!". Na mesma hora, fui clara: "Filha, você gosta que apontem para você na rua e falem de suas características ou de algo que esteja fazendo? Se não gostamos que façam com a gente, nós também não apontamos para os outros".

Mais uma vez, foquei no comportamento em si – o de apontar para os outros – e não no fato de se tratar de um casal homoafetivo. Sobre isso, apenas disse: "Tudo bem, o amor também acontece assim". No mesmo dia, ela apontou para outras pessoas, por outras razões, e reiterei o aprendizado: "ter alguém apontando pra gente nos causa desconforto. Não fazemos o que não queremos que nos façam". Bola pra frente.

Isso se repete com qualquer outra situação de contrastes: hábitos sociais, formas de vestir, aparências físicas, condições de saúde, expressões culturais. A resposta costuma ser a mesma: "tudo bem ser diferente, né filha?". Assim, temos buscado ensiná-la sobre a beleza da diversidade, mostrando que a variedade das cores e formas das flores tornam o jardim mais rico e bonito.

Por medo do desconhecido e por um amor cego, alguns mães e pais escondem realidades, mentem para os filhos, ensinam a condenar, julgam comportamentos e se sobressaltam com manifestações distintas das deles. Nesse ambiente, acaba se delineando algo como certo e algo como errado. Tudo se torna estático, perde-se a abertura na percepção do Amor e suas múltiplas manifestações.

Encontro com o (nem tão) diferente

Tempos depois, nos deparamos com uma nova oportunidade de aprender um tanto mais com o mundo da diversidade: numa tarde de ida ao salão de beleza, nos encontramos com um rapaz trans no atendimento do local.

Minha filha notou que era um homem com voz e compleições femininas, e disparou em voz alta a pergunta direta, que ele próprio ouviu: "Mãe, ele é menino ou menina?". Ao que retruquei: "Não sei, pergunta para ele."

Todos sorriram pacientes. Ele voltou-se para ela, e ouviu a pergunta certeira: "Você é menino ou menina?". Ao que respondeu: "Sou uma menina num corpo de menino, e sonho ter corpo de menina".

Sem perder tempo, falei: "Pois é filha, nós sabemos como os sonhos são importantes! Vamos torcer pra que esse sonho se realize!". E, assim, mudamos de assunto para a cor que íamos aplicar nas unhas.

Rafaela sorriu, entendeu o que precisava, e ficou amiga da moça em questão. Elas ficaram brincando e falando de outros temas: uma fez a unha da outra, e seguiram em animada conversa. Em atenta observação, pude notar a emoção que tomou conta do ambiente. A manicure que me atendia explicou: "as mães que vêm aqui não deixam as crianças brincarem com ele"...

Observando as risadas que as duas davam juntas, fiquei com o coração oprimido tentando dimensionar o tamanho daquela dor...

A única lição que ficou para minha filha foi a do respeito pela diferença. Será que alguém pode concordar com a ideia de que ela ficou mais inclinada à homoafetividade após esse contato?

Seria muita ingenuidade, para não dizer, limitação intelectual, pensar assim. Na verdade, seria muito medo de não ser aceito, o terror de ser algo diferente do que é convencionado como "normal".

Quando escondo fatos ou crio proibições, a atração pelo tema reprimido cresce ainda mais na mente dos filhos. A curiosidade pelo mistério, isso, sim, chama a atenção e instiga.

Independente se a manifestação sexual de um ser o acompanha desde os primeiros anos de Vida, ou se foi uma escolha feita a certa altura, não se sabe quais vivências, necessidades, dores, delícias e expressões levam alguém a amar como ama.

Antes de mais nada, quero que meus filhos sejam livres, autênticos e vivam sua verdade interior. E se essa expressão passar pela homoafetividade, que sejam felizes igual.

O importante mesmo é que, nesta reflexão, me deparei com um fato fundamental sobre o tema: esse assunto não me pertence! Mães e pais, nós temos a possibilidade de entender isso: a sexualidade de ninguém (além de nós próprios), nem mesmo a dos filhos, nos pertence! Por outro lado, compete aos pais – e muito – cuidar para que os filhos sejam a cada dia mais respeitosos com a diversidade.

Nesse sentido, percebo que a melhor forma de educá-los é me vigiar para não fazer da sexualidade alheia um passatempo nas conversas, uma brincadeira social, a piada pronta permitida – e muito explorada, também, por alguns gays que se divertem provocando "os héteros a saírem do armário".

Podíamos, de verdade, héteros e homossexuais, tratar cada vez mais de nós mesmos e de ideias, e menos das manifestações pessoais que competem a cada um de nós.

A sociedade estará mais evoluída no dia em que a sexualidade alheia deixar de ser um assunto banalizado; no dia em que a hetero ou a homoafetividade não for um tema que vá além das quatro paredes a que somente pertence.

CAPÍTULO 5

Ordem e pertencimento

A alegria da "planitude"

Reconhecer que TUDO é sagrado.
Toda experiência.
Cada ser com seu jeito e processo únicos.
Somos todos importantes e fundamentais.

Peças únicas no *Mosaico da Existência*
Que se interrelacionam, inexoravelmente.
Como ensina Jesus:
"De minhas ovelhas, nenhuma se perderá".

Humildade significa "ter os pés no chão",
no terreno plano da igualdade.
Respeitando a diversidade do jardim,
na expressão de cada individualidade.

Eis a alegria da "planitude"!

Terra: planeta-escola

Recentemente, passei por momentos que me levaram a desejar ir embora do país, buscar uma cultura diferente. Embora seja um movimento válido – viver novas experiências em família – fiquei incomodada com a sensação estranha que estava sentindo: um incômodo grande de estar no Brasil. Em outros momentos, sensações análogas de inadequação em estar na Terra também visitam o meu ser. As violências das guerras, as travessias suicidas em oceanos, a fome que mata, enfim, essas realidades açoitam o coração.

Então, me vi presa numa sensação infantilizada de "não pertencer a este lugar", ainda que houvesse a consciência de que esse sentimento me causa profundo desencaixe. Como diz o amado Chico Xavier, encarnação não tem endereço errado. Não estou aqui por engano nem por acaso. Isso não quer dizer que absolutamente não possa viver em outros lugares. Antes, que a decisão de sair de onde estou não deve estar calcada num processo dc fuga, arrogância ou superioridade.

Para que uma mudança assim seja bem sucedida, ela precisa ocorrer por razões enraizadas no amor, na gratidão e no respeito pela minha pátria-mãe.

Foi quando vi um vídeo do juiz e expositor espírita, Haroldo Dutra, em que é mencionada a obra "*Brasil coração do mundo, pátria do Evangelho*". Neste livro, o país é apresentado como uma espécie de "hospital espiritual" que recebe almas em francos processos de reajuste moral. Sou uma delas.

Já nos primeiros capítulos, uma gratidão sem igual invadiu meu ser, e pude perceber aquele estranho sentimento de inadequação desaparecer devagar. Notei as arestas começarem a amainar, em concordância novamente. Um encaixe tão confortável, que acessei uma alegria imensa por estar aqui, exatamente onde estou.

Entendi que este lindo planeta-escola é oportunidade abençoada de aprender por meio do Amor. Quando necessário, pelo lapidar da dor, em provas e expiações – processos que contribuem para o alcance do equilíbrio interno. Seja pela lida no espelhamento diário com as pessoas com quem convivo. Pelas duras necessidades da matéria. Pela prova de paciência e renúncia que envolve formar uma família. Ou pelo desafio de não ter ninguém ao lado.

É preciso urgentemente lembrar porque estou aqui, neste planeta lindo, neste país de encantos mil: aproveitar intensamente todos os cenários de aprendizados – comigo mesma, com a família, o cônjuge, a profissão ou a sociedade.

Aprender a amar cada cenário desse grande teatro da Vida e me olhar em busca da porção mais amorosa, mais conciliadora, mais mansa, mais silenciosa, mais compreensiva, mais abarcadora de diferentes pontos de vista.

Estar aqui e agora, e focar no que é realmente essencial: aprender a amar!

Sim, há ordem na desordem

A humanidade atravessa um dos momentos mais ricos de sua existência: a realidade interna está com suas entranhas escancaradas onde quer que eu foque o olhar.

Quando observo os fatos políticos, a realidade econômica atual, os modelos antigos revelando rachaduras em suas estruturas arcaicas, preciso triplicar a atenção. Ou me perco no impulso destrutivo do negativismo, fixando o olhar na aparente desordem que parece reinar fora.

Preciso estar atenta e lúcida: a ideia de caos é uma ilusão.

O que as polarizações revelam?

A precipitada tendência de julgar e condenar rapidamente o mundo que me cerca leva a acreditar que são as pessoas lá fora que estão erradas, enganadas.

A oposição de ideias se apresenta dc forma tão acentuada, a confusão parece tão generalizada, que poucas são as pessoas que se dão conta da preciosidade do que ora acontece.

As polarizações que marcam o contexto político de países como o Brasil, os Estados Unidos, a Argentina, a Espanha, para citar alguns, fala de algo bem mais profundo.

Em todas as cenas, o enredo se repete: lida-se com a existência de dois entes em discordância. De cá, um deles enche o peito com o fôlego de seus argumentos; do lado de lá, o outro sorri com o canto da boca, amparado pelo sarcasmo daqueles que também se percebem como os donos da verdade.

Este fenômeno social é tão desconcertante quanto o que acontece entre um marido e uma mulher que se amam muito, ainda que, em posições contrárias, batam pé, cada um apegado à sua necessidade de ter razão.

Amizades de décadas são desfeitas. Pessoas adoecem e morrem em meio a discussões políticas nos encontros familiares. O terreno externo virou um estopim para o transbordamento de dores internas culminantes.

E quer saber? Isso também está em ordem e tem uma função primordial no contexto evolutivo.

Assim como é no interno, é no externo

Hermes Trismegisto, um filósofo egípcio da antiguidade diz: "Assim como é no alto, é embaixo". De maneira correspondente, me atrevo a dizer: assim como é no interno, é no externo.

Isso posto, pode-se concluir que no avançar da marcha evolutiva, chega o momento em que preciso encarar o porão cheio de móveis, teias e caixas fechadas, com cartas antigas sendo corroídas por traças e mofo.

O mesmo acontece no contexto social, com tantas questões delicadas vindo à tona. Com luvas, vassouras e sacos de lixo em riste, abro as portas do porão.

O primeiro movimento, necessariamente, precisa ser o de trazer todos esses elementos esquecidos à tona.

Com o amparo da Espiritualidade Maior, cada questão vem à luz, a seu tempo e conveniência. A cada permissão interna, puxo algumas caixas para fora, examino seus conteúdos antigos, separo o que tem uso do que pode ser reciclado.

Recolho o lixo e os bichos mortos para transmutá-los em adubo. Então, lavo o piso com água e produtos de limpeza bem cheirosos. Esfrego paredes, refaço suas pinturas. Enfim, por meio de uma faxina amorosa, torno o ambiente novamente agradável ao convívio.

Neste lugar, como num amor à segunda, terceira ou quarta vista, encontro também tesouros incríveis. Jóias guardadas, livros preciosos, fotos que mostram a realidade doce que sempre existiu por trás das minhas fantasias dramáticas.

Pensamentos que antes me defendiam, podem baixar as armas e perceber-se plenos de um amor com os pés no chão desta Terra abençoada, pululada de fatos reais lindos, esquecidos pela dor da minha criança, até então, ferida.

Autorresponsabilidade e foco no essencial

Em termos evolutivos, esse caminhar é lento. Sei que ainda viverei muitos outros momentos de passar a limpo a realidade desses cômodos escuros – tanto internamente quanto socialmente.

Há de haver serenidade para atravessar momentos assim. E o caminho de olhar para dentro e se autorresponsabilizar costuma ser o melhor instrumento para quem quer contribuir de forma efetiva para o processo coletivo.

Para não me perder entre os inúmeros detalhes de tantos contextos, urge focar no essencial da Vida.

Quando me vejo distraída nos mínimos detalhes e exigências pueris, distante daquilo que é *fundamental*, sei que estou muito mais conectada às armadilhas do ego do que ligada à Unidade do Amor.

A César o que é de César
A Deus o que é de Deus

O que isso quer dizer em termos práticos? A César o que é de César pode significar: foco em fazer minha parte, não somente em termos de cidadania (seguindo leis, pagando impostos, votando com consciência e sendo coerente com o que exijo dos representantes no poder).

A Deus o que é de Deus: em termos de mudança no estado de consciência planetário em que estou inserida, preciso levar essa mesma atitude de coerência para dentro.

Somente nesses processos de passar em revista de mim mesma, olhando para meus próprios cômodos escuros, com calma, com orientação, com paciência, com autoAmor, com foco e comprometimento, é que irei realmente fazer alguma diferença na consciência que produz e afeta a psicosfera que manifesta a realidade do mundo externo.

A Ordem do Amor, que se expressa por meio da evolução, a tudo ilumina e acalma. Ela permite que a desordem aparente se manifeste para que a confusão, em si, seja o instrumento que cria o desconforto a precipitar o movimento que ensina e chama à autorresponsabilidade por tudo que existe.

Um *modus operandi* muito belo da Vida, para que cada um compreenda, a seu tempo, que a Unidade não é uma quimera, um sonho ideal e distante. É fato: todos estamos ligados! O que eu faço, sinto e penso afeta diretamente o mundo dos demais.

Benditos esses tempos

Esses processos em que as dualidades vêm à tona – em que os segredos e negociatas são revelados, em que investigações provam por A+B que a sociedade como um todo está em processo de cura – são oportunidades para vermos o quanto o sistema precisa ser cuidado.

Escutar os sintomas e olhar a doença são os primeiros passos para reencontar a saúde! Especialmente, quando tomo meu quinhão de responsabilidade e faço algo de bom com isso. Ruim mesmo é a doença ganhar terreno, em silêncio.

O barulho lá fora mostra os gritos que precisam ser ouvidos. O perigo mora na tendência infantil de concluir: “Opa, isso não é comigo!” Quando, na verdade, sim, é sempre comigo!

E posso ir além: o melhor lugar para treinar isso é dentro de mim mesma. Também é dentro de casa, com a mãe, o pai, os irmãos, o companheiro, os filhos. Cada um se responsabilizando plenamente por si, por seus atos, por como se sente, pelo seu passado, presente e futuro.

A sociedade precisa profundamente se educar nesse sentido. A Vida sempre oferece momentos ricos, propícios e perfeitos para esta realização. Assim como agora.

Benditos sejam esses tempos! Por trás deles, estão as mais preciosas oportunidades de aprendizado e autoconhecimento.

Todos pertencemos

Com diversas compreensões possíveis, as parábolas têm o poder incrível de atravessar os séculos e milênios, e ainda assim manterem-se profundamente efetivas. Suas percepções são diversas a um ponto tal, que me arriscaria a dizer que têm poderes multidimensionais: uma vez que transportam a diferentes vieses e interpretações mais e mais profundas. A cada vez que as leio e sobre elas dialogo, é possível ir mais além.

Dentre as parábolas inesquecíveis de Jesus, chama imensa atenção a da ovelha perdida*. Nela, resumidamente, o mestre assevera que, do rebanho, nenhuma só ovelha se perderá. No meu coração, a compreensão atual desta passagem fala de um pastor que, no mais fundo de sua alma, comprometeu-se a não entregar-se à condenação do outro, excluindo-o de sua Vida.

Jesus parecia propor que, perante a Misericórdia Divina, todos e cada um têm o direito de pertencer. E que a Vida encontra sempre diversas formas de ensinar e fazer o Amor florescer. Em suas palavras, Jesus transparece confiar nisso integralmente. Num mundo com tantas situações adversas, é sabido que alcançar este lugar de fé interior é meta bastante complexa.

Na perspectiva transpessoal e transgeracional, é certamente obra de milênios. Afinal, como dar lugar a um político ladrão, a despeito de parecer zombar de sua missão ao zelar pelo bem coletivo do país? E de uma esposa ou marido que trai o cônjuge e vai embora, deixando os filhos? E, ainda, como incluir um assassino que fere alguém amado?

Como falar desses temas – por sua vez "excluídos" – faz parte da minha devoção pessoal, quero muito tratar desse reflexo quase que automático, tão natural e humano: excluir pessoas ao longo da caminhada, nas pequenas e nas grandes dores. Quais as consequências disso?

Quebra-cabeças da existência

Recentemente, uma imagem auxiliou-me a compreender a proposta de Jesus. Minha filha disse que queria fazer um presente para os amigos: pegar peças de um quebra-cabeças, pintá-las de uma determinada cor e pendurá-las num colar, mostrando a importância de cada um no encaixe daquela amizade. Fiquei extremamente tocada e pensativa na mensagem que essa figura desperta em mim...

Quando me deparo com um quebra-cabeças e nele falta uma só peça que seja, fico incomodada. A imagem não se completa. A despeito de todas as cores e figuras, o olhar teima em ir para aquele pequeno e muito significativo vazio. É como se o quebra-cabeças perdesse a graça, é inquietante perder uma só peça que seja. O conjunto fica incompleto.

Todas as partes compõem o lindo mosaico da Vida, com suas cores, perfumes, diversidade e variedade. A começar desta imagem, lembro das ovelhas de Jesus e me sinto compreender Sua proposta um tantinho mais.

O vazio da exclusão

Toda vez que excluo alguém da minha Vida e dos meus círculos, seja ele familiar, social, histórico, coletivo, fica um vazio. E não me refiro aos casos pacíficos, em que a distância naturalmente leva cada um para seu caminho na Vida. Falo daqueles eventos traumáticos, tristes, violentos, doloridos.

No estudo das constelações familiares, o teólogo e filósofo Bert Hellinger propõe olhar para o próprio sistema familiar e identificar justamente as exclusões que causam dor e consequências nefastas no dia a dia. Há tanto tempo afastadas, quando tais presenças são novamente incluídas, é possível recobrar a paz interior.

Se a exclusão envolver mãe e pai, então, isso significa desconectar da Fonte da Vida, e de toda a prosperidade pessoal, material, criativa e de realizações que dela provém.

Este é um assunto que se desdobra em muitos outros. Em todos eles, no entanto, um fator constante se mantém: quando excluo algo ou alguém, empobreço a minha própria Vida.

A inclusão do egoísmo propicia o encontro com a coletividade

Na caminhada natural e evolutiva em busca do autodescobrimento enquanto indivíduo, o ser passa pelo natural estágio de vivenciar o egoísmo. Num passado não muito distante, vivia-se em cavernas, quase como bichos. O homem teve no egoísmo um elemento de sobrevivência, que lhe garantia a refeição do dia, por exemplo.

O egoísmo auxiliou o homem a distinguir-se do grupo e perceber-se como ser individual, com necessidades a serem atendidas. Essa atitude fez parte da caminhada da humanidade. Nas crianças, durante a fase de "isso é meu, só meu", o egoísmo é vivenciado como parte fundamental do desenvolvimento da psique. É elemento dos mais saudáveis para que a individualidade possa ser formada na criança, propiciando a distinção de si mesma, diferenciando-se da mãe e dos demais.

Um pouco mais adiante, após o período das cavernas, veio a consciência de que, a despeito de precisar atender as demandas por sobrevivência, os humanos são seres gregários, e se beneficiam da convivência com outros indivíduos. Cai a ficha de que juntos somos mais fortes! Um novo degrau a ser experimentado.

A seguir, vem o estágio em que a maioria dos seres se encontra: convivem bem com eleitos e familiares, desde que estes não transgridam os acordos do grupo. Basta alguém discordar da forma convencionada, fazer diferente, pensar de outra forma, que vem o incômodo e a exclusão.

Desta maneira, perde-se o acesso à riqueza da diversidade, e essa perda temporária, de alguma forma, também ensina. Até que a compreensão possa finalmente florescer.

A riqueza da diversidade

Neste encontro com o diverso é que enriqueço e sou convidada a conhecer outros pontos de vista. É na discordância, especialmente dentro de casa, que são desenvolvidas aptidões para sentir um profundo respeito pelo tempo evolutivo meu e dos demais.

Tempos estes nem melhores, nem piores: diferentes! Muitas vezes essas divisões são feitas porque, no desenvolvimento da auto-estima, é natural a necessidade de se sentir acima (ou abaixo) dos outros.

A compreensão da infância espiritual, permite-me ser compreensiva comigo mesma, e transbordar este entendimento aos demais. Sinto que cada um, a seu tempo, exposto às leis naturais da Mãe-Vida, compreenderá as Ordens do Pai-Amor.

Exigir que isso seja feito à fórceps, à minha maneira, no meu tempo, é contraproducente e inexequível.

O melhor caminho para levar essa postura para a Vida? Entregar-me às delícias do abraço à sombra, percebendo que minhas limitações guardam os maiores mapas do tesouro. É lá que encontro as partes que precisam amadurecer, para chegar ao porto-seguro da autorresponsabilidade.

Quando estou focada em meu próprio processo, observando o tempo dos outros com respeito e, por que não, encantamento, ainda que cheio de falhas, humanidades e "aindas", transcendo o lugar infantil – normal, esperado e que faz parte – de somente exigir que as coisas sejam feitas à minha maneira.

Todos pertencem, todos são importantes. E cada um, no seu próprio tempo e ritmo, alcançará o estágio em que um profundo Amor pela diversidade se expressará como o mais rico, vasto, colorido, unificado e belo Jardim da Unidade.

**A parábola da ovelha perdida está citada em dois evangelhos:*

Matheus 18, 10-14 e em Lucas 15, 1-7.

CAPÍTULO 6

Neutralidade e desidentificação

Abraço a mim

Fluir no Amor em Movimento
É permitir soltar-me da crença na escassez
E abraçar-me à abundância da realidade

De um Universo que se expande em luz
Alegrando-me por colaborar nesse imenso florescer
Tão somente como humilde-espelho servidor
Que sorri ao refletir, a grandeza de Ser Amor...

Os ditos "bem" e "mal" são duas facetas
De um mesmo manifestar, que ainda se crê dual
Crença que caminha na senda do amadurecer
Integração plena de tudo que é real!

Quero ser um cobogó

Para quem não sabe do que se trata, uma definição simples e direta de Cobogó: "Cobogó é a denominação dada a elementos vazados, normalmente feitos em cimento, que completam paredes e muros para possibilitar maior ventilação e luminosidade ao interior de um imóvel, seja residencial, comercial ou industrial."

Como boa brasiliense, sou encantada por eles... Ao longo da vida, sempre instigaram meu coração! Não consigo passar desapercebida por qualquer um deles: desde os mais comuns, às invenções que surgem por aí. Todos são lindos! O que me encanta tanto? Fui percebendo e sentindo aos poucos o porquê dessa sensação interna tão obstinada.

A ventilação, a luminosidade que atravessam suas aberturas... sim, as suas aberturas. Aí, a chave do meu Amor. O significado de o cobogó estar aberto e receptivo ao calor, à sombra, ao frio, à chuva. Ao Sol, à Lua. Às intempéries, ao imprevisto, ao que vier... Sem julgar, sem se fechar. Se deixa perpassar, e continuar aberto, sempre...

Três situações de Vida, em momentos diferentes, clarearam os porquês desta devoção:

1) Certa vez, numa aula de Kundalini Yoga, depois de longos minutos dentro de uma mesma postura, a dor começava a fazer os músculos tremerem, os braços pesarem, e minha mestra me disse: "Olha a dor, sente a dor, deixa ela te atravessar. Respira a dor, e deixa ela ir". Entendi que a dor, quando encarada, olhada com coragem – ternura e carinho – diminui. E viver essa experiência fisicamente, de forma tão intensa, em treinos de sadhana (práticas diárias

que duram até 49 minutos, cuja resistência se amplia, em minutos, a cada dia), faz você refletir, vivenciar no corpo e transpor essa capacidade de ampliar seus limites, também, para o campo das emoções e reações.

2) Num momento complexo da Vida, de muitas dores e rancores vindo à tona, uma amiga inesperada – de uma importância e grande significado para mim – me disse: "Quando vier uma emoção, pensamento, ou sentimento ruim, respira!!! Deixa essa emoção passar por você... então, deixe-a ir. Expire-a. Em seguida, agradeça por ela". E sinta o que essa experiência deixou de riqueza para você, e siga adiante...

3) Numa vivência espiritual bastante intensa, entrei numa espiral de medo e pânico, quando o mestre orientou: "A chave é respirar". E assim foi – a cada pensamento ruim que vinha, eu respirava, sentia, expirava e agradecia. Nesta experiência, conscientemente, já me imaginava graficamente como um cobogó. Deixava o que quer que fosse – ruim ou bom – seguir seu caminho, sem qualquer apego. Puro desprendimento. Pura liberdade. Não há espaço para se grudar à dor. Para julgá-la. Para se apegar. Simplesmente, deixo-me respirar, e a luz vem.

Assim sendo, o cobogó para mim é uma representação da neutralidade.

Venha Sol. Venha chuva. Venha luz. Venha brisa, vento, ventania.

Inspiro, recebo, expiro, deixo ir e agradeço. :)

Sinto a propriedade da abertura e do desapego, e me lanço no caminho da tão sonhada liberdade, degustando o momento presente.

A liberdade de permitir-me entrar em contato e ser tocada. E enfeitar o altar do meu coração, por todos os lados, com cobogós abertos à alegria de me permitir ser e sentir!

Deixai brilhar a vossa luz

"Nosso grande medo não é o de que sejamos incapazes.

Nosso maior medo é que sejamos poderosos além da medida. É nossa luz, não nossa escuridão, que mais nos amedronta.

Nos perguntamos: 'Quem sou eu para ser brilhante, atraente, talentoso e incrível?' Na verdade, quem é você para não ser tudo isso?...

Bancar o pequeno não ajuda o mundo. Não há nada de brilhante em encolher-se para que as outras pessoas não se sintam inseguras em torno de você.

E à medida que deixamos nossa própria luz brilhar, inconscientemente damos às outras pessoas permissão para fazer o mesmo."

A primeira vez que li essas reflexões da escritora norte-americana, Marianne Williamson, fiquei suspensa no ar. Senti-me flutuar, num estado de choque, de encontrar uma verdade tão linda e de perceber o tamanho do medo ao acessar a luz em mim.

Grandes mestres ensinam que, no inconsciente, não residem somente aspectos que temo. Nele, moram também imensos potenciais.

Duas faces de uma mesma moeda

O medo de falar publicamente, por exemplo, revela a outra face de uma mesma moeda: a vaidade de falar em público. O tema central da moeda sobre a qual falo é a identificação profunda com o processo de exposição pública ou com a mensagem de que sou somente portadora. Ou seja, tanto o medroso extremo, quanto o vaidoso extremo alimentam-se de um mesmo mecanismo: ambos estão profundamente colados com as faces desta moeda.

Ouvi uma história de um grande amigo meu, que ilustra muito bem esta compreensão:

> *"Certa vez, um palestrante acostumado com explanações em público, deparou-se com uma quantidade bem maior de espectadores e sentiu-se envaidecer. Na hora em que ia começar a falar, veio o branco: não conseguiu lembrar de nada!*
>
> *Mais tarde, conversando com um colega experiente, este o levou a visualizar uma passagem do Evangelho, em que é narrada a entrada de Jesus Cristo em Jerusalém, no histórico Domingo de Ramos. Dentro desta visualização, o amigo pediu que o expositor olhasse para a multidão, e que procurasse por si mesmo em meio àquela cena. 'Você está aí nesta imagem, repare bem!', dizia.*
>
> *Depois de buscar identificar-se, sem sucesso, o amigo que conduzia o processo assinalou:*

'Está vendo Jesus Cristo entrando na cidade, sentado sobre o burrinho? Você é ele, o burrinho!'

O palestrante entendeu a colocação e, sem qualquer intenção de menosprezar a si mesmo, nem dar-se importância demasiada, percebeu-se tão somente como um veículo do Amor, expressando-se na alegria do serviço."

#FocaNoBurrico

Em alguns momentos, esqueço que sou instrumento nas mãos de forças muito maiores do que eu. Sou expressão deste Amor, desta Vida em manifestação, tornando-se autoconsciente em Si Mesma, por meio da expansão das compreensões que acesso em mim.

Desde que ouvi essa história, abracei um tantinho mais a minha sombra: eu, que tive profundas dificuldades de assinar os textos que escrevo; que apenas os mostrava a amigos; que demorei a torná-los públicos; que travei ao pensar em gravá-los em voz; que tinha imenso receio de mostrar meu rosto em vídeos; que sempre tive náuseas, dores de cabeça e outros inconvenientes ao me apresentar em público...

Compreendi que estava presa nesta moeda da identificação extrema, confundindo meu valor com o da mensagem em si, identificada com o medo de me expor, vivendo um processo de grande fragilidade. Aos poucos, percebi que a Mensagem não é minha nem nunca será, ela apenas Se serve de mim.

Quando percebi esse profundo medo de exposição, me dei conta de que é a mesma fonte que leva os vaidosos à queda. Colocar-me somente como instrumento que sou, torna tudo mais leve e claro.

Ao menor sinal de temor ou envaidecimentos, abraço minha criança espiritual e rimos juntas: "Danizinha, atenção: #FocaNoBurrico!". Rio de mim mesma, me abraço e retomo o centro do meu propósito que é um só: me permitir conduzir por esse Amor Maior, por essa luz que de mim Se serve para fazer-Se expandir.

Tenho o meu testemunho a dar, nenhum outro

A cada vislumbre, esta Mensagem me transforma, me toca, me modifica e me inspira. Compreendi que a única história que tenho para contar na minha existência, é o testemunho desses encontros sublimes. O viés do meu ser, único e intransferível, traz as cores da contribuição de meu espírito à Criação.

Do inconsciente, esta luz emerge como se fosse um 'pop-up' no consciente, e encontra abrigo nas criações de todos: no poeta que declama um poema; num músico fazendo um solo; na dançarina brilhando em pleno salto; na mãe que acolhe e faz um carinho no rosto do filho; no pai que coloca limites com firmeza; no cozinheiro que oferece um prato com esmero; no casal que vive um encontro amoroso; na escritora que se cura e se liberta num texto escrito com presença e devoção.

A beleza é justamente perceber que cada ser que existe, com seu viés, irá traduzir seu testemunho de uma forma específica e individual. Compreendi que somente posso escrever o livro de minha vida: Daniela Migliari. Não posso escrever o testemunho dos meus filhos, do meu marido, de Jesus Cristo, Gandhi, de ninguém mais. E isso é suficiente, e lindo!

Deixai florescer

Ao permitir-me florir, encanto-me com o florescimento dos demais. Cada um a seu modo, e espelhando-nos a todos.

No contato com o outro, me descubro, me projeto, me testo, me conheço, me integro, me amplio.

No silêncio e no esvaziamento em contato comigo mesma, vislumbro o divino em mim.

O Universo se expressa em abundância: há espaço para todos florirem. A falta e a escassez são crenças e ilusões temporárias.

Abraçar a diversidade das flores do jardim me faz ainda mais aberta a acessar o Amor do Grande Jardineiro.

Embevecer-me com as cores de cada flor e com a forma única de cada uma florescer é exercício de pura beleza e gratidão!

O que a porta estreita tem a ver com o caminho do meio?

O conceito do "caminho do meio" é bastante ventilado pelas rodas filosóficas e espirituais. A saga de alcançar o equilíbrio parece muito distante, quase inatingível. No meu coração, sinto ser uma conquista para séculos, quiçá milênios. No entanto, só de passear pelos *insights* a que esta compreensão convida, vejo o abrir de caminhos para novas aventuras a desvelar ali, logo mais...

Certa vez, pela graça de conhecer um grande amigo de minha mãe, ele concedeu-me uma breve explicação a respeito do significado da "porta estreita". Esta conversa, por sua vez, levou-me a tatear os primeiros raios do amadurecimento para compreender a famosa figura de linguagem proposta por Jesus, e sua ligação com o "caminho do meio" ensinado por Buda.

Recorro a um exemplo: entre os extremos de viver 100% uma atitude de autoexigência comigo mesma, ou de viver em 100% de relaxamento, reside o famoso "fifty-fifty" – 50%/50%. Este amigo me disse que compreendeu ser a porta-estreita o alcance desse perfeito equilíbrio: se sou 51% exigente e 49% relaxada, ainda não estou sob o fio do "caminho do meio".

Espírito versus Matéria

Uma reflexão que deriva disso é a compreensão da vivência da Espiritualidade na matéria. Coloco como extremos a relação com o mundo material; e no outro lado, o contato intenso com a Espiritualidade. Seria a porta estreita o equilíbrio entre um e outro? Viver a matéria como meio e não um fim em si e, no entanto, valer-se dela com excelência para, no contato santificado com seus tesouros e revezes, experienciar, aprender e usufruir de seus ensinamentos para a evolução do espírito?

Será que uma pessoa que dedica-se integralmente à Espiritualidade, e esquece da lida no dia a dia, ignora a pia cheia de louça, as contas a pagar, a família em sofrimento, não está caminhando pela "porta larga da perdição"? Por que será tão desafiador seguir o caminho do equilíbrio, e assentar-me em paz sobre o fio estreito do caminho do meio?

São muitas perguntas à espera de respostas. Esse início de flerte com tais conceitos, vez por outra, retorna à minha mente. E me faz ficar atenta a reconhecer onde e quando estou me demorando em exageros, presa aos extremos do pêndulo das polaridades.

Leis herméticas

Aqui, uma vez mais, recorro às leis herméticas, de autoria do filósofo egípcio, Hermes Trismegisto (1330 a.C.). São sete, no entanto, três delas chamam a atenção no diálogo aqui proposto:

- LEI DA CORRESPONDÊNCIA: "Aquilo que está embaixo é como aquilo que está em cima, aquilo que está em cima é como aquilo que está embaixo".
- LEI DA POLARIDADE: "Tudo é duplo, tudo tem dois pólos, tudo tem o seu oposto. O igual e o desigual são o mesmo. *Os extremos se tocam.* Todas as verdades são meias-verdades. Todos os paradoxos podem ser reconciliáveis".

• LEI DO RITMO: "Tudo tem fluxo e refluxo, tudo tem suas marés, tudo sobe e desce, o ritmo é a compensação".

Assim, me deparo com a sensação clara de que todos os cenários que se configuram na Vida são sagrados. São Amor em expressão, ainda que alguns deles estejam orientados, temporariamente, para um sentido de desamor. No entanto, na negação do Amor, reforçam sua existência.

Um passeio pelas polaridades

Sentindo em silêncio, vislumbro que o passeio pelas polaridades é como um percurso para alcançar o amadurecimento na vivência da Unidade – lá, onde 'os extremos se tocam' e os paradoxos mostram-se 'reconciliáveis'.

Viver o "Amor em Movimento" é permitir-me expressar a verdade interna, momento a momento. Tendo em vista a validação das pulsões instintivas, atenta às reações indesejadas e ainda infantis – que, no entanto, têm sua função e proposta de aprendizado.

Por outro lado, viver o "Amor em Movimento" é, também, divisar as potências da Espiritualidade. É antever a luz extrema que, nesta Terra, talvez pudesse cegar. E que acena, logo ali, com as possibilidades de uma realidade que, por hora, somente é possível vislumbrar.

Qual o ponto de equilíbrio entre a natureza instintiva e a angelitude insondável do mais além? Carl Gustav Jung responde: *"Qualquer árvore que queira tocar os céus, precisa ter raízes tão profundas a ponto de tocar os infernos"*.

Viajar leve

Nesse vai e vem entre extremos, passeio por cenários mil – todos abençoados. Para nós, enquanto seres habitantes do mundo de polaridades, o foco na busca do caminho do meio parece ser a rota mais segura para quem deseja viajar leve pelas espirais da existência. No pêndulo das possibilidades, a consciência da porta estreita pode configurar-se como sagrado objetivo.

Quimera, quem sabe? Para que serve a utopia? Eduardo Galeano responde: "*A utopia está lá no horizonte. Me aproximo dois passos, ela se afasta dois passos. Caminho dez passos e o horizonte corre dez passos. Por mais que eu caminhe, jamais alcançarei. Para que serve a utopia? Serve para isso: para que eu não deixe de caminhar*".

Saindo da caverna

Não há mais o que temer...
Correntes e crenças se desfazem em luz
Contratos e anteparos tornam-se vazios
Vazios de medos, expectativas
Abro-me para o novo, na aventura da Vida

Guardas, máscaras, fantasias.
Labores, missões, salvamentos, sagas mil.
Prisões, esconderijos, nas sombras da lida.
A todos agradeço pelas lições apreendidas!

Envio todos ao descanso merecido.
Repousam agora em suaves lençóis de gratidão.
Sorrisos aliviados ao ver que a experiência
Finamente pode ser percebida como o sal da existência!

Abro-me pro novo, olho pra frente,
Anseio pelo vazio.
Novos passos, novas rotas, finais diversos
Por que não? Digo sim.

Chegada ao fim
Retorno a um novo começo.
Confiante na Vida, sigo na certeza
De que no Amor me movo, sirvo e respiro.

Carne versus Espírito?

Pra que comparar, medir, julgar?
Quem vale mais:
Inteligência da carne?
Sabedoria do Espírito?

Se tudo é instrumento, benção e degrau
Começo, meio e fim
Etcétera e tal

Corpo transitório?
Espírito imortal?

Só sei que estar viva
É alegria preciosa.
Ainda que múltiplas,
As Vidas também são únicas em cada expressão.

Dizem que a Existência é mais forte no além.
Recuso-me a sentir aqui como aquém.

O que a mente separa,
O corpo teima em unir:

No respirar, sentir e amar
No comer, gozar, gargalhar
Tudo aponta...

O quanto a Terra é sagrada
Quão lindo é estar viva!
Orgânica, terrena, falível, instintiva.

Desisto de conjecturar,
Abro mão de analisar.

A vulnerabilidade de estar na matéria,
Concilio e bendigo:
Aos meus olhos inteiros
A carne e o osso parecem ser...
As expressões mais sagradas do Espírito!

No rio da vida, fluir ou resistir?

Estou imersa num oceano de Amor; e somente sentirei sede, se me recusar a abrir o coração pra beber das bênçãos em que estou constantemente mergulhada.

Nessa realidade, tenho duas escolhas a fazer:

Atuar como espelho-servidor refletindo a grandeza de Deus, posto que quando me doo, passo a integrar esse fluxo de Amor em Movimento.

Ou permanecer na exigência de receber. Nela, fico presa à estagnação-ilusão do apego e do medo de perda, resistindo temporariamente à fluidez do Amor em Movimento.

Recebo bênçãos de Deus o tempo todo: no calor do Sol, no frescor do ar, na benção da água, na alegria de viver, na convivência com os semelhantes.

Quando exijo Amor, paro em estagnação.

Quando dou Amor, fluo em integração.

Deus é esse Amor que prossegue e integra toda a dualidade. Posso caminhar com Ele, ou resistir à caminhada.

É como entrar num carinhoso rio e fazer força para nadar contra a corrente; ou entregar-me, em confiança, ao sentido da correnteza das águas.

A resistência dói, cansa, machuca.

O fluxo descansa, anima, acalenta e segue em expansão.

Entregar-me à evolução é questão de tempo, enquanto sigo acolhida na bendita oportunidade da experiência.

O destino, no entanto, parece ser sempre o mesmo: fluir pelo oceano do Amor em Movimento, na aventura da experiência de existir!

Reflexões sobre o destino

"O amor é uma força que transforma o destino"
Chico Xavier.

Peço licença poética ao amado Chico, para lançar uma lupa e brincar de ampliar a palavra amor:

"**O Amor Consciente** é uma força que transforma o destino".

"**O Amor em Movimento** é uma força que transforma o destino".

Segundo o que tenho acessado no estudo das constelações familiares, o destino é o resultado de emaranhamentos transgeracionais – sendo a maior parte deles inconsciente.

Costuma funcionar assim: creio que tenho pleno livre arbítrio, no entanto, faço escolhas altamente impregnadas desse mesmo inconsciente, pouco livre.

Olhar pra dentro, me conhecer com auto-amor e expandir a consciência é ganhar um milímetro de contato com o real livre arbítrio da alma, que age de forma ampla e conectado com a Unidade.

Muitas vezes, é difícil entender os porquês dessas pulsões internas. Então, elas são devidamente condenadas e reprimidas. Ou são seguidas cegamente, sem reflexão: só impulso e prisão aos comandos de forças desconhecidas.

Elas, as pulsões, são reais e falam de algo que pode ser visto e amado aos poucos, pra gente não se queimar...

É possível, sim, me conhecer um pouco a cada dia. E, com muito AMOR, construir esse destino com mais consciência, amplitude e liberdade!

A benção, Chico!!! Gratidão, hoje e sempre.

CAPÍTULO 7

Confiança no amor que me habita

O corpo é instrumento, pela benção da síntese.
O coração conduz, sinalizado pelas emoções.
A mente ajusta, com a fé raciocinada.
O espírito peregrina, com a intuição iluminada.

Daniela Migliari e Luis Fanan

Os bons são a maioria?

Essa pergunta volta e meia torna a provocar intensos questionamentos no meu coração. Sinto que sim, são a maioria.

Então, leio as notícias, vejo a violência... Fraquejo e volto a me perguntar: os bons são a maioria?

Nesse vai e vem entre fé e pessimismo, dia desses, li um texto lindo que Eugênio Mussak escreveu para sua neta, Mia, que acabara de chegar ao mundo. Nele, o escritor afirma que sim, os bons são a maioria! E pede para a neta não duvidar disso nem por um segundo, numa fala mais ou menos assim: *"Os bons são a maioria, mas os que ainda-não-são-bons fazem um barulho danado. Não dê tanta atenção a eles"...*

Isso posto, sinto que o segredo mora aí: não me convém deixar levar pela algazarra em mim e nos demais. Ela nunca vence a perenidade do silêncio, nem da palavra refletida num ato. O silêncio que engole qualquer palavra em vão, com toda a calma e placidez. A palavra sentida que reflete a escolha vivida.

Afinal, só existe o que é Amor; e o que não é Amor ainda... E eis que a Verdade se faz presente:

Uma amiga-irmã de caminhada nesta Vida, entregou-me uma frase que – puramente intensa – até o momento está se organizando em mim. É uma compreensão que soou como aquelas verdades que, de tão intrínsecas, passam a ser orgânicas: o corpo inteiro sente e sabe que é verdade.

Direta e reta, essa amiga disparou a seguinte afirmação: *"Uma única pessoa agindo com AMOR (com Deus) é a maioria. Sim, verdadeiramente acredito e confio nisso. E em sendo assim, uma única dúzia de seres agindo na condição de co-criadoras da luz, tem muito mais poder do que um Maracanã lotado de pessoas contaminadas pelo medo."*

Para finalizar, essa irmã narra despretensiosamente uma linda passagem que, com palavras simples, traduz a mensagem sublime desta Verdade pura:

> *"Deus em um determinado momento teria decidido destruir uma cidade inteira por causa da iniquidade que ali dominava. Sabendo disso, um homem morador dali sobe a montanha para orar e pedir a Ele que tenha piedade e que não destrua o local. Então, Deus responde ao mesmo: 'Sim, eu faço um trato contigo...volta na cidade e traga mil pessoas tão justas e piedosas quanto você. E então dou minha palavra que não destruo a cidade'. O homem concordou... e, então, começa a descer a montanha em direção à cidade onde iria reunir as mil pessoas. Durante a descida, começa mentalmente a pensar quem seriam elas.*
>
> *E, desse modo, antes de chegar ao pé do monte, se dá conta que "isso" é muita gente... pois certamente não conhece naquela cidade essa quantidade de pessoas que sejam retas, misericordiosas e éticas. Chegando a essa conclusão, resolve, então, voltar ao encontro de Deus pra negociar a quantidade. Diante dEle, reflete: 'Senhor, pensei melhor. E acho que não vai ser fácil encontrar as mil pessoas. Mas, vim aqui pra lhe perguntar: se eu conseguir reunir cem pessoas, o Senhor promete que não destrói a cidade?' Deus*

então responde: 'Sim, meu filho...traga as cem pessoas.'

Novamente, descendo a montanha, ele começa a pensar em quem seriam as cem pessoas e, uma vez mais, chega à conclusão que não terá sucesso. Envergonhado, mas ainda esperançoso, o homem volta novamente para barganhar com Deus uma nova quantidade de pessoas. E assim sucede outras vezes... até o momento em que ele chega à quantia de somente três pessoas... E, para espanto do homem que, à essa altura, já estava totalmente desanimado, Deus concorda... Só que, mesmo assim, durante mais uma descida da montanha e ao escrutinar sua memória sobre quem seriam essas três pessoas, ele percebe que nem mesmo em sua família existe esse tipo de gente.

Então, muito triste, dando-se por vencido, ele volta ao encontro de Deus e diz, totalmente resignado: 'Senhor, por favor me desculpe pelo fato de eu buscar convencê-Lo a não destruir a cidade. Cheguei à conclusão que o Senhor tem razão: É verdade que essa cidade está dominada pelo mal... e a única solução é mesmo destruí-la.' No entanto, Deus, que é Mãe e Pai de Infinito Amor e Misericórdia, responde ao mesmo: 'A verdade, meu filho, é que não vou mais destruir esse lugar. Porque, apesar de todo o mal que ali prolifera, ainda assim nesta cidade existe um homem como tu. E é justamente por causa de tuas ações que vou poupar todos os outros habitantes desse lugar. A tua fé resgatou a todos os outros'.

E minha amiga continua: "*Ou seja, é por essas e outras que cada vez mais estou convencida de que uma só pessoa, agindo motivada pelo Amor Maior (com Deus) foi, é e sempre será* ***a maioria****. Lembre-se sempre disso, Dani! Jamais deixe que qualquer aparência em contrário te contamine e faça com que você perca de vista a luz e o Amor que te habita e te anima. Não se perca de vista e lembre-se que estamos aqui para fazer parte da solução que se encontra dentro de nós, e não para sermos mais um que é parte do problema*".

Petra, amiga querida, a começar de você, que crê nisso com cada fibra do seu coração, agora sei que – Sim, os bons são a maioria!

Beijos e graças sempre, por mais esta dádiva em sua companhia!

Como acessar o poder da oração?

Por que orar?

Deus escolhe para quem dá essa ou aquela benção?

Veja o que Richard Simonetti, no livro "A Constituição Divina", ensina em breves palavras:

> *"Orar por quê? Afinal Deus conhece perfeitamente nossas necessidades... Quem raciocina assim desconhece que a oração* não objetiva trazer Deus até nós. *Antes, elevar-nos até Ele; nem se trata de expor nossos desejos e, sim, DE CRIAR CONDIÇÕES PARA RECEBER SUAS BÊNÇÃOS, QUE SE ESPALHAM POR TODO O UNIVERSO. Estamos mergulhados nelas, diz André Luiz, como peixes no oceano. Todavia, para que as assimilemos, é preciso que PREPAREMOS O CORAÇÃO, a fim de não nos situarmos como um homem que morre de sede, embora dentro de uma piscina, por recusar-se a abrir a boca".*

As bênçãos agem em todos, o tempo todo, em plena igualdade e misericórdia.

Somos banhados por elas a todo instante. Nelas, estamos mergulhados!

Para me abrir e acessá-las, é necessário remover antigos conteúdos, crenças restritivas, pensamentos de autopunição, couraças e portas fechadas.

Assim, permito que esse presente chegue ao meu coração.

É hora de fazer a limpeza interna para abrir caminho a este Amor que Deus emana em todas as direções, com absoluta constância e propósito.

Já é tempo de me abrir: a Luz não retrocederá, ela está aqui!

Oração de entrega real a Deus

Meu Senhor Deus, que também é Amor! Criador de tudo o que É!

Nesta oração, decreto a intenção de aprender a confiar e a me entregar à sabedoria da Vida!

E, assim, construir em meu espírito a casa do Pai-Amor. Uma nova forma de relacionar-me com as emoções, equilibrando a necessidade do controle.

A busca por controlar as situações e pessoas em minha volta vem da ilusão do medo e da insegurança.

Que eu perceba que um infinito Amor, muito maior do que toda resistência, age e É sempre em mim.

O Universo é amigável comigo, não há o que temer!

Portanto, que eu viva somente o MEU movimento, e pare de invadir e julgar o movimento do outro.

Que eu me alegre, respeite e compreenda o tempo e a forma de ser dos meus irmãos de caminhada.

Afinal, assim como eles, estou na experimentação dos conteúdos divinos, descobrindo como expressá-los com liberdade e sabedoria.

Que eu me sinta criativa e integre com a força do Amor, em mim, as necessidades do meu próprio egoísmo.

Que eu use os instrumentos do controle com sabedoria, sem me deixar ser usada por ele.

Que eu abra mão de querer modificar o outro.

Que eu me recolha em meu lugar perante a arrogância de querer salvar o outro.

Que com meu exemplo silencioso, eu seja um espelho luminoso aos demais, para que eles, sim, tenham a alegria de salvar a si mesmos.

Que com meu carinho e palavras de ânimo, eu possa ser um estímulo ao bem para meus irmãos de caminhada.

Que eu aprecie a beleza de observar e respeitar as manifestações únicas de todos os meus irmãos. Especialmente familiares e amigos, pois estes são espelhos poderosos, grandes mestres de minha caminhada evolutiva.

Que eu use as palavras com sabedoria.

Que eu silencie mais.

Que eu ame mais, e cobre menos.

Que eu respire mais, e agrida menos.

Que eu acolha mais, e exija menos.

Que eu seja mais leve, e crie menos peso.

Que eu ame mais, e julgue menos.

Que ao confiar mais nas capacidades do outro, ele se sinta mais respeitado por mim.

Que eu confie no melhor em mim e em meus irmãos. Posto que cada um entrega ao mundo seu melhor possível "ainda"... e em construção e ampliação a cada dia!

Por fim, que as sombras que existem em mim sejam acolhidas, compreendidas e transmutadas com Amor, luz e paz.

Com a automestria de minhas emoções, já não sou refém das mesmas. Antes, escolho e me responsabilizo como senti-las, ressignificá-las e expressá-las a cada momento.

Com a consciência e a força de Deus, amplio meu Amor a cada movimento, recolhendo-me em humildade, silêncio, perseverança, indulgência e mansidão.

Neste recolhimento, passo a vibrar intensamente essas virtudes, responsabilizando-me pela sintonia que crio à minha volta e atuando pelo bem do nosso planeta-nave-mãe.

Assim seja!

A gratidão é a mais bela forma de perdão

Agradeço aos meus algozes e perseguidores.
Mestres que são, espelhos de toda hora.
São eles que mostram os
cantos obscuros de minh'alma,
Espaços sedentos de luz e compreensão.

Esses irmãos apontam a ferida aberta,
ignorada até então.
Ao vê-la, posso aplicar o necessário remédio
do esclarecimento e da iluminação.

Agradeço, sempre, a esses espelhos benditos.
Aguilhões que me impulsionam
a seguir adiante,
Companheiros nos degraus
da jornada evolutiva.

Sim, a gratidão é a forma
mais bela e pura de perdão.

Assim seja!

Oração da presença

Aprendo com humildade.
Ensino com paciência.
Amo com persistência.
Observo com compaixão.

Silencio na confusão.
E lembro-me do que realmente sou...
Amor em movimento e Vida!
Aceito e curvo-me diante do inesperado.
Perante ele, agradeço e crio algo novo.

A Vida é feita de Amor, e tudo provém de Deus.
Estou aqui para brilhar,
refletindo esta vibração
do mais inteiro em mim.

Como espelho, emano esta claridade pro mundo.
E luz não apaga nem se sobrepõe a outra luz.
Soma e multiplica.

Brilhemos todos irmãos, cada um.
Brilhemos a cada pensamento, palavra, ato, crença e hábito!

Assim seja!

Oração pelo Brasil

Em momentos de profundas agitações,
que eu possa me manter em oração e vigilância.
Deus conduz a nação em paz e plenitude.
As leis do Pai-Amor,
expressas na Mãe-Vida,
são imutáveis.
Tudo está sob Suas seguras égides.

Que eu possa assistir ao espetáculo
da poeira das horas com serenidade.
É dentro de cada um que a
verdadeira conciliação-evolução acontece.

Que eu siga focada
em minha reforma íntima e
em seus frutos.

E que o amor
que eu expresso a cada momento
seja o melhor presente
que entrego ao mundo.

Assim seja!

Oração de Ano Novo

Tudo é Amor!
Somente me machuco quando categorizo, rotulo, enquadro e separo O Amor.
Este esforço converte-se em energia desperdiçada e limitante.
Com ele, restrinjo minha liberdade.

O Amor permeia tudo e todos!
Ele conduz a despeito das decisões
mais firmes.
É Ele que me "usa" e de mim Se serve.
E não o contrário.
Na Vida e nas Leis Naturais,
Ele encontra Suas Ordens
e não se deixa apreender nem definir.

Submeter-me a isso humildemente é o ato mais esperado de entrega, alegria, fé e gratidão que posso conceder a mim mesma.
Render-me a este Propósito é o descanso que tanto anseio.
A paz que tanto preciso!

Feliz Ano Novo a todos!
Feliz Vida!

Oração da liberdade

Viajo leve pela Vida
Ainda que as programações me frustrem
Com a alma flexível, aprecio as mudanças de planos
Livre, confiante e agradecida
Extraio o melhor de cada momento
Da maneira que for
Do jeito que é.

Assim seja!

CONCLUSÃO

Integração entre a Terra e o Céu

Espiritualidade com os pés na Terra

Sobre as dores de deixar de voar e escapar numa idealizada espiritualidade...
Sobre as delícias de colocar os pés na terra úmida...

Humildade vem de húmus *(terra) e* ilde *(pés).*
Sobre ter os pés no chão e viver as realidades do espírito com equilíbrio na matéria.

Sobre panaceias

Há muito tempo, ensaio escrever sobre um aspecto bem intrigante da infância espiritual: a busca sequiosa pela panaceia!

Esta palavra vem da antiguidade: na mitologia, trata-se de um remédio que conteria a cura para todos os males! Ao longo do tempo, o termo vem sendo utilizado como algo que representa uma solução única que encerra, em si mesma, todas as respostas procuradas.

Em minha imaturidade, busquei por interpretações, religiões e vieses filosóficos que acalmassem todos os meus anseios de uma só vez. Eu queria conferir esse poder a alguém, a alguma doutrina que me desse essa ilusão de controle das variáveis da Vida.

Quando me deparava com um mestre bastante experiente, por exemplo, mergulhava neste encontro, bebia de sua água fresca e, após um tempo, diante de sinais da discordância interior com algo por ele dito, acabava me frustrando e o descartava.

Nesses movimentos bruscos, compreendi que o oposto da busca pela panaceia costuma ser o descarte de alguém. Ou essa pessoa me salva por inteiro ou ela nada vale!

Peço que resista a julgar essa posição sincera com tanta brevidade! Por mais infantil que pareça esta reação, ela é muitíssimo comum e fala um pouco de todos nós, seres humanos.

Basta questionar, com honestidade, sobre quantas vezes descartamos pessoas com posições políticas discordantes? De atitudes e posicionamentos culturais, sexuais e de hábitos diversos? E quanto a religiões que parecem exóticas e não merecem um olhar mais atento? E o que dizer sobre o vizinho com a bandeira de um time adversário, ou com gosto musical – a meu ver – duvidoso, como alguém pouco digno de um esforço de aproximação?

Elejo favoritos e descarto o diferente todos os dias. E tudo bem com este processo, ele é natural. A Vida, no entanto, me aguarda e me convida a sentar-me à mesa, em Sua companhia, para usufruir do banquete da diversidade. E se a evolução é movimento, tanto a fixação na iluminação interior quanto a condenação perpétua também se movem e são fugidias.

Um ser que busca pela perfeição não estaria fechando-se num rótulo limitador? A frase de Shunryu Suzuki Roshi resume isso. Ele diz: *"Estritamente falando não há pessoas iluminadas, somente atividade iluminada"*. Nisso, residem uma liberdade e um movimento que ampliam o olhar e humanizam, e convidam todos a vivenciarem algo parecido, de um lugar humano e possível.

A iluminação seria, portanto, feita da soma de diversas atitudes iluminadas, entremeadas com mergulhos, inspirações e recuos naturais? Acredito que sim. Pois sinto-me bem mais ampla neste lugar.

E o que dizer daqueles que condeno por completo? Por seu estágio evolutivo? Por uma escolha equivocada? Por um ímpeto emocional? Se perco a esperança nesses seres humanos, o que dizer dos erros que me rondam, volta e meia, logo ali, à espreita do meu cansaço?

Essa atitude de fé não exclui as consequências e as responsabilidades intrínsecas em cada ato cometido. São elas mesmas, as consequências e as responsabilidades, que educam e amadurecem.

Preciso mesmo permitir que sejam reduzidos, catalogados e estancados nessas posições fixas? Será?

Ao sair dessas prisões, dessas "solitárias", posso olhar para o maior guru que já encontrei, e sorrir diante de uma piada sem graça que ele faça, ou de um lapso de humor ou de uma limitação que ele deixe escapar nas entrelinhas de uma palestra. Sem o peso da frustração, sem a expectativa da completude e infalibilidade.

E posso vislumbrar, com inabalável confiança, a fagulha divina que reside em cada um de nós. Mesmo no ser que me parece desprezível num primeiro olhar. Mesmo naqueles com as posturas mais idealizadas por uma ingênua expectativa.

Essa abertura tem nome. Chama-se Amor em Movimento. Expresso em liberdade, que só alcança um coração que se permite amadurecer ao Sol da experiência. Com um olhar de confiança, compaixão e ousadia.

"Tudo que você contatar é um lugar para praticar o caminho", resume o filme Samsara, num momento de lida interior do personagem principal, que sente-se dividido entre a carne e o espírito. Acreditar que a existência escolheria se restringir a somente um desses dois lados, e se isolaria em um pólo ou outro, é "sentir pequeno e restrito".

A Vida é rica e não economiza em lugar algum: nem nos mais rudimentares endereços, nem naqueles milimetricamente controlados, editados, medidos e planejados. Aprendemos uns com os outros das formas mais criativas que for possível imaginar.

Tudo é aprendizado. Quem são os maiores professores? Alguns dirão que são as figuras difíceis. Outros, que são as pessoas que mais os apoiaram. Sim, tudo é! Todos são. Repito: a Vida é pródiga e não economiza em bênçãos, nem desperdiça tempo com limitados pré-conceitos.

Quantas riquezas existem num encontro improvável? Quantas surpresas me aguardam num olhar, de canto de olho, à segunda, terceira, quarta vistas?

Perceber que ninguém encerra em si mesmo uma só resposta, é encontrar a resposta em todos ao mesmo tempo! Isso é riqueza e amplitude de ser e sentir.

Um amigo querido resume este pensamento, e carinhosamente me provoca com uma única colocação: "Tudo é quase a mesma coisa, só muda o nome. Que nome você quer dar, Dani?".

Panaceia? Somente a do momento, no meu coração, comigo mesma. E eu posso encontrá-la sendo a melhor versão de mim mesma, a cada átimo de instante. Observando o outro com a doçura e a amorosidade do olhar-espelho pelo qual tanto anseio ser vista.

Com trato comigo

O ser que eu sou
Não cabe mais em contratos
Amplia-se em consciência
Rumo aos desejos mais puros do coração

Na pureza reside a Verdade
Que liberta o ontem, o hoje e o amanhã

Quem ousa ser fiel a si?
Quem ousa escutar o que o corpo grita?
Quem ousa sentir o que a Vida chama?

Quem ousa viver sem contratos?
Com o que foi?
Com o que virá?

Transmutar nós em laços

E num destrato, viver a liberdade
Da íntima Verdade?

Eu
Aos poucos...

Com trato
Comigo.

Sobre o ilustrador Pedro Sangeon

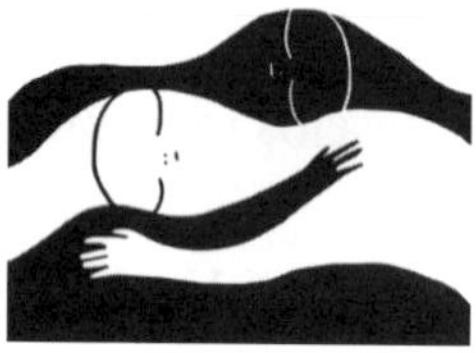

Pedro Sangeon é artista urbano brasiliense, muralista, ilustrador e *concept artist*. Cria personagens para quadrinhos, livros e animações. É também o criador do Gurulino - personagem da arte urbana reconhecido como um dos ícones contemporâneos do *design* brasiliense pelo Retrato Brasília e Unesco. Publica uma coluna semanal no Jornal *Correio Braziliense* desde 2015, onde apresenta nos quadrinhos o universo do Gurulino.

www.gurulino.com
@gurulino

Índice de links para ouvir os textos narrados pela autora

CAPÍTULO 1

⁎ **Abraço à Sombra:**
https://bit.ly/2MrdUau

⁎ **Carta de Amor ao que sou:**
https://bit.ly/2N6I7ku

⁎ **Encontro com a sombra:**
https://bit.ly/2QpnQ7G

⁎ **A dolorida pressa de evoluir:**
https://bit.ly/2Ogcphe

CAPÍTULO 2

⁎ **A infância espiritual:**
https://bit.ly/2NEuN6f

⁎ **Sobre crítica e amor e movimento:**
https://bit.ly/2Qq810z

⁎ **Deslocamento do centro de poder:**
https://bit.ly/2OgUs1Y

⁎ **A parábola do espelho**:
https://bit.ly/2Oc8QbN

⁎ **Carta à professora culpa:**
https://bit.ly/2Qrrezc

⁕ O prazer de mudar:
https://bit.ly/2Qpv0c8

CAPÍTULO 3

⁕ A compreensão do namastê:
https://bit.ly/2xdncBq

⁕ Confiança no amor que me habita:
https://bit.ly/2NEuVTm

⁕ O amor exigente que cura:
https://bit.ly/2Mqic23

CAPÍTULO 4

⁕ O encontro do casal sagrado:
https://bit.ly/2p4gOZQ

⁕ Convivência: a gigante escola evolutiva
https://bit.ly/2p4gZ7s

⁕ Somos responsáveis pelas criações individuais e coletivas:
https://bit.ly/2OedS7N

⁕ Amar ou dominar os filhos: eis a questão:
https://bit.ly/2p0z1Ho

⁕ Dez chaves para acessar o divino nos filhos:
https://bit.ly/2OeO37F

CAPÍTULO 5

⁕ Todos pertencemos:
https://bit.ly/2p4DwRy

CAPÍTULO 6

⁕ Deixai brilhar a vossa luz:
https://bit.ly/2x9ga0t

CAPÍTULO 8

⁕ Sobre panaceias
:https://bit.ly/2Nbsngc

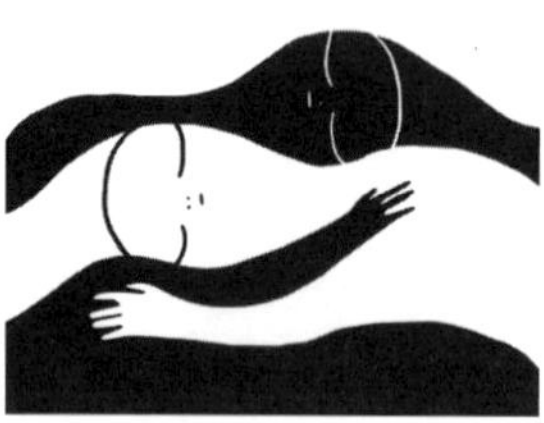

ABRAÇO À SOMBRA foi composto em tipologia Minion Pro, corpo 12pt, impresso em papel Pólen 80g. Acabou-se de imprimir em 22 abril de 2021.

***

LAVS DEO